Abhandlungen

des

kriminalistischen Seminars

an der Universität Berlin.

Herausgegeben

von

Dr. Franz v. Liszt,

ord. Professor der Rechte zu Berlin.

Neue Folge. Erster Band. 4. Heft.

Graf zu Dohna: Die Stellung der Busse im reichsrechtlichen System des Immaterialgüterschutzes.

Berlin 1902.

J. Guttentag, Verlagsbuchhandlung,

G. m. b. H.

Die Stellung
der Busse im reichsrechtlichen System
des Immaterialgüterschutzes.

Von

Dr. Alexander Graf zu Dohna,
Referendar.

Berlin 1902.
J. Guttentag, Verlagsbuchhandlung,
G. m. b. H.

Inhaltsübersicht.

Seite

Einleitung.

§ 1. Prinzip der Behandlungsweise 409

Abhandlung.

Erster, historischer Teil.

A. Historische Entwicklung des Privatstrafanspruchs.

§ 2. Scheidung von öffentlichem und privatem Recht 411

§ 3. Ursprüngliche Stellung der Strafe im Rechtssystem 414

§ 4. Allmähliches Ausscheiden des Strafanspruches aus dem Zivilrecht 417

B. Historische Entwicklung des Schadensersatzanspruchs.

§ 5. Tendenz der gemeinrechtlichen Doktrin, den Ersatzanspruch auf Vermögensschäden zu beschränken 421

§ 6. Stellung der gemeinrechtlichen Kodifikationen zum Rechtsschutz der Immaterialgüter 424

§ 7. Behandlung des privaten Deliktsanspruches im Prozeß . . . 427

Zweiter, dogmatischer Teil.

A. Die Gestaltung der Buße in den Strafgesetzen.

§ 8. Dogmengeschichte der Bußeparagraphen 430

§ 9. Heutige Fassung der gesetzlichen Bestimmungen 433

B. Die Beurteilung der Buße in der Literatur.

§ 10. Die Beurteilung ihrer juristischen Qualifikation 436

§ 11. Die Beurteilung ihres legislativen Wertes 439

C. Die Stellung der Buße zum Ersatzanspruch des Bürgerlichen Gesetzbuches.

§ 12. Ihre sachliche Konkurrenz 442

§ 13. Ihre konstruktionelle Assimilierung 445

Dritter, kritischer Teil.

A. Vorbereitende Untersuchungen.

§ 14. Inhaltliche Erstreckung des Bußeanspruchs 449

§ 15. Die vom Gesetze selbst getroffenen Einzelnormierungen . . 452

B. Kritisches Resultat.
§ 16. Die Buße ist Ersatz und nicht Strafe, weil sie in der Schutzlosigkeit des Verletzten, nicht in der Straflosigkeit des Verletzers ihren Grund hat 454
C. Konsequenzen des gewonnenen Resultats.
§ 17. Prozessuale Gesichtspunkte 458
§ 18. Materiellrechtliche Gesichtspunkte 461

Schlufs.

Literaturverzeichnis 463

§ 1.

Unter den großen geistigen Strömungen, welche die Ausgestaltung der elementaren Grundlagen unserer heutigen Rechtsanschauungen bestimmt haben, welche aus den primitiven Anfängen geregelten Gemeinschaftslebens den ungeheuren künstlichen Bau der modernen Rechtssysteme haben erstehen lassen, möchte ich drei Entwicklungsphasen herausheben. Im Verfolge derselben wird sich eine in ihnen versteckte innere Gegensätzlichkeit immer deutlicher offenbaren und es begreiflich machen, daß heute, da aus verworrenen Umrissen abgeklärte Prinzipien geworden, diese in einen harten Konflikt miteinander geraten sind, dessen Folgen in empfindlicher Weise gegen die Systematik der modernen Rechtsinstitute abstechen.

Es ist das einmal die scharfe Abgrenzung des öffentlichen Rechts vom Privatrecht; es ist das weiter der Übergang des Strafanspruchs vom Einzelnen auf den Staat; es ist das endlich die immer peinlichere Beschränkung des Zivilanspruchs auf den Ersatz von Vermögenswerten.

Es ist von vornherein klar: Wenn man dem Bürger das Recht nahm, für das ihm zugefügte Unrecht Vergeltung zu üben; wenn man ihm Entschädigung für die erlittene Kränkung nur bis zur Höhe des Verlustes materieller Güter gewährte; und wenn man gleichzeitig die beiden entstandenen Ansprüche — Strafanspruch des Staats, Ersatzanspruch des Individuums — nach Seiten ihrer begrifflichen Konstruktion wie ihrer formellen Durchführung von einander zu isolieren bestrebt war, so konnten Fälle nicht ausbleiben, wo dem Verletzten jegliche

Mittel und Wege abgeschnitten waren, wahrhafte Genugtuung für das erlittene Unrecht zu erlangen.

Die Spuren dieses unbefriedigenden Resultats liegen in den neuesten Gesetzgebungen klar vor Augen. Auf dem Gebiete des Prozeßrechts handelte es sich um die Einführung des Adhäsionsprozesses. Indem man sich hiervon nach langem Schwanken endgiltig abkehrte, entschied man sich für Schaffung eines materiellen Rechtsinstituts, der Buße, welches die bemerklich gewordene Lücke ausfüllen sollte; und es entsteht nun die Frage, ob hierin ein Verzicht des Staates auf sein Strafmonopol oder das Aufgeben der Tendenz zu erblicken ist, die Ansprüche des Privatrechts auf Fälle unmittelbarer Vermögensbenachteiligung zu beschränken.

Mit der verschiedenen Beantwortung dieser Frage sind die beiden extremen Anschauungen über die Natur der Buße gegeben: diejenige, welche in ihr eine Strafe — aber eine im Gegensatz zur öffentlichen stehende Privatstrafe, und diejenige, welche in ihr einen Ersatz — nämlich einen über den gewöhnlichen hinausgehenden, qualifizierten Ersatz sehen will.

Freilich, Konzessionen müssen von beiden Seiten gemacht werden, weshalb eine Anzahl von Schriftstellern sich damit begnügt, zu konstatieren, daß der Gesetzgeber hier ein mehr oder minder zweckentsprechendes Gemisch straf- und zivilrechtlicher Funktionen geschaffen hat. Denn hat man einmal die Inkongruenz der Konsequenzen reiner Wissenschaft und praktischen Bedürfnisses zugegeben, so steht man vor der Alternative, den Gesetzgeber erbarmungslos an die Theorie zu ketten, oder ihm die Rücksichtnahme auf das tägliche Leben an erster Stelle ans Herz zu legen. Danach entscheidet es sich, wie aus der reichhaltigen Literatur deutlich ersichtlich ist, wer dem Institut der Buße Mißtrauen und wer ihm Wohlwollen entgegenbringt. In allen Fällen aber bleibe man sich bewußt, daß man es hier mit dem Produkt unsystematischer Behandlung des Stoffes zu tun hat, und verlange nicht, daß sich das mühsam bei seite gesetzte Prinzip nachträglich aus dem Gesetz herausschälen lasse.

Die Zweckmäßigkeit, nicht die abstrakte Spekulation soll den Maßstab der Beurteilung der legislativen Maßregeln abgeben. Sie wird in letzter Linie zu entscheiden haben, ob das historisch Gewordene, das hier in so besonderem Maße nach Kohlers treffendem Ausdruck[1]) „mehr das Erzeugnis eines unbewußt wirkenden Gestaltungstriebes, als einer klaren, das resultierende Rechtsinstitut vorausschauenden Erkenntnis" zu sein scheint, auch vom Standpunkt einer nachträglichen bewußten Abschätzung sich bewährt, oder besser einer Umgestaltung unterworfen würde, wobei freilich eine zu erstrebende Kongruenz zwischen Theorie und Legislative einen nicht zu unterschätzenden Faktor bildet.

De lege lata aber hat die kritische Untersuchung vor allem den Zweck, zwischen der juristischen Konstruktion und der praktischen Handhabung des Instituts eine Übereinstimmung zu erzielen, soweit es angesichts des chaotischen Gewirrs gerade der den Rechtsschutz der immateriellen Güter betreffenden reichsrechtlichen Bestimmungen möglich ist.

Die rechtliche Stellung der Buße innerhalb dieses Systems und ihre Abgrenzung nach seiten der Strafe wie des Ersatzes hin soll nach den oben dargelegten Grundsätzen noch einmal untersucht und erörtert werden.

§ 2.

„Im Wesen des Menschen ist, wie das Recht selbst, so dessen Gabelung in Individualrecht und Sozialrecht angelegt. Denn der Mensch ist zugleich als Individuum eine sich selbst zugekehrte Einheit und als Gesellschaftswesen Teil eines vielgliedrigen Ganzen .... Will das Recht seine Kulturaufgabe lösen, so muß es beiden Äußerungsformen des menschlichen Daseins gesonderte Bereiche zuteilen und zwischen ihnen ein Gleichgewicht herstellen."[2])

In diesen Worten führt Gierke die Tendenz der Trennung der öffentlichen Rechtssätze von den Privatrechtsnormen zurück

[1]) Kohler, Patentrecht No. 650, S. 640.

[2]) Gierke, Deutsches Privatrecht S. 26.

auf die innerste Natur des menschlichen Wesens. Sie findet so ihre Erklärung und ihre Sanktion; sie erhält aber gleichzeitig ihre Bestimmung und Begrenzung. Wohl erkennen wir das eifrige Bemühen der Wissenschaft als berechtigt an, die Kriterien zu finden, nach denen die prinzipielle Gliederung der Rechtsmaterie zu erfolgen hat.[1]) Es darf aber deshalb in dem Streit die Einheitlichkeit nicht verloren gehen, in dem Zerlegen das Verbinden nicht vergessen werden.

Auf die Gefahr, die unserer Jurisprudenz von dieser Richtung her droht, hat v. Liszt in seinen „kriminalistischen Bedenken" gegen den Entwurf des Bürgerlichen Gesetzbuches aufmerksam gemacht:

„Durch den Bann der Verhältnisse zur Arbeitsteilung gezwungen, dürfen wir nicht vergessen, dass alle Teile der Rechtswissenschaft zu einem grossen Ganzen gehören und in steter Wechselwirkung sich ergänzen und befruchten. Ein Bürgerliches Gesetzbuch für das Deutsche Reich kann nicht gelingen, wenn der Gesetzgeber dem öffentlichen Recht, wenn er dem Strafrecht des deutschen Volkes fremd, ohne lebenswarme, selbständige Auffassung gegenübersteht."[2])

Daß solche Bedenken gerade auf dem Grenzgebiet des Zivil- und Kriminalrechts in besonderem Maße gerechtfertigt sind, weil die Behandlung des Strafrechts am wenigsten die scharfe Sonderung der Rechtsgebiete zuläßt, vielmehr nach beiden Seiten Fühlung zu behalten genötigt ist, das beweisen schlagend an der Hand des römischen Strafrechts die folgenden Worte Theodor Mommsens:

„In dem Strafrecht werden die sittlichen Verpflichtungen des Menschen teils gegenüber dem Staat, dem er angehört, teils gegenüber anderen Menschen einheitlich zusammengefaßt.

---

[1]) Es möge verwiesen werden auf: Gierke a. a. O. § 4. — Sohm, Institutionen S. 23, 24. — Dernburg, Pandekten § 21. — Georg Meyer, Deutsches Staatsrecht S. 30. — Th. Mommsen, Römisches Strafrecht S. 3. — Cosack, Bürgerliches Recht S. 3. — Endemann, Bürgerliches Recht S. 24fg. — Thon, Rechtsnorm und subjektives Recht S. 108fg. — Bierling, Juristische Grundbegriffe Tl. 2, S. 150fg.

[2]) v. Liszt, Grenzgebiete S. 8.

Diese Einheit kennt die römische Rechtswissenschaft nicht und kann sie nicht kennen; der magistratisch-komitiale Strafprozeß gehört zum öffentlichen Recht, der Deliktsprozeß vor Geschworenen zum Privatrecht. Dennoch kann die Zusammenfassung des Strafrechts nicht aufgegeben werden..... Daß trotz der prozessualen Trennung die römische Rechtslehre von jeher die Grundbegriffe des Verbrechens und der Strafe als beiden Gebieten gemeinschaftliche und sich einander ergänzende den nicht deliktischen Rechtssatzungen gegenübergestellt hat, zeigt nicht blos die Behandlung der einzelnen Delikte, welche lebendig und vollständig erst dann uns entgegentreten, wenn die Grenzen des öffentlichen und des Privatrechts gesprengt werden, sondern auch die merkwürdige, wahrscheinlich der letzten republikanischen Epoche angehörige Legende von der einstmaligen Zusammenfassung beider Gebiete bis auf die Einsetzung der römischen Geschwornengerichte unter König Servius Tullius."[1])

Eine gemeinsame Grundlage für die Behandlung der zivilen und kriminellen Delikte zu gewinnen, schwebt heute auch uns wiederum als zu lösendes, noch immer ungelöstes Problem vor; und die Zusammenfassung, welche jene Legende in ferne Vergangenheit zurückverlegte, fordert neuerdings Menger von der Zukunft, der in seiner Begutachtung des Entwurfs sich folgendermaßen äußert:

„Die richtigste Stellung würde die Schadensersatzverpflichtung in einem allgemeinen Gesetzbuch über die unerlaubten Handlungen finden, welches neben den Strafbestimmungen des allgemeinen, sowie des Polizei- und Verwaltungsstrafrechts auch noch die privatrechtlichen Normen über den Schadensersatz aus unerlaubten Handlungen zu umfassen hätte."[2])

Um eine Kritik dieser Forderung ist es uns hier nicht zu tun; wir haben nur die Kurve zu verfolgen, welche die zivile Unrechtsfolge von der publizistischen abführt, unbekümmert darum, ob sie sich in letzter Instanz als Parabel oder als Hyperbel kennzeichnet.

---

[1]) Mommsen a. a. O. S. 4—5.

[2]) Menger im Archiv für soziale Gesetzgebung und Statistik Bd. 2, S. 440.

§ 3.

Wenn ich soeben die römische Privatstrafe und den modernen Schadensersatz identifiziert habe, so durfte das geschehen mit Rücksicht auf den beiden Instituten zu Grunde liegenden Charakter der zivilen Rechtsfolge des Delikts. Mit der Betonung dieser ihrer Zusammengehörigkeit unter einem gemeinsamen Oberbegriff zu beginnen, ist sogar wertvoll und in der Erkenntnis förderlich, weil hierdurch die nahe Verwandtschaft der pönalen und der satisfaktorischen Funktion des dem Verletzten ursprünglich erwachsenden Anspruchs deutlich und der Mangel an Klarheit und Präzision bei der begrifflichen Trennung erklärlich wird. Und in der Tat treten uns beide Elemente in den altrömischen actiones vindictam spirantes in innigster Verschmelzung entgegen.

Auch hier gilt es vor allem, die Kriterien der Unterscheidung zu finden: „Strafe ist die gegen den Schuldigen gerichtete, auf Affizierung seines Willens zielende Reaktion wegen seines Vergehens mittels zwangsweiser Entziehung oder Minderung ihm zustehender Rechte.“[1]) — „Schadensersatz ist der Anspruch, den der durch ein Delikt, respektive durch eine rechtswidrige Handlung Geschädigte gegen den Schädiger auf Ausgleich seiner durch das Delikt erlittenen Vermögenseinbuße erwirbt.“[2])

Wenn wir demnach eine gegebene actio auf ihren Charakter prüfen wollen, so haben wir ihren Zweck, nicht ihre Folge im Auge zu behalten. Darum lehnen wir Ausdrücke, wie: „einseitige Strafklagen“,[3]) „uneigentliche Privatstrafen“[4]) als begriffsverwirrend ab.

Der Umstand, daß die Verpflichtung zum Ersatz des Schadens denjenigen, der ihn verursacht hat, möglicherweise ihrerseits schädigt, berechtigt nicht dazu, in der hierauf gerichteten Klage

---

1) Stooß, Zur Natur der Vermögensstrafen S. 4.

2) Ebenda S. 22; ähnlich Reinhardt, Geldstrafe und Buße S. 8.

3) v. Savigny, System Bd. 5 § 210 S. 41. Derselbe, Obligationenrecht Bd. 2 § 82 S. 297.

4) v. Wächter im Archiv für die zivilistische Praxis Bd. 23, S. 73, 74.

das geringste pönale Moment zu erblicken; und umgekehrt: der Umstand, daß eine vom Verletzten einzufordernde, auf ein Mehrfaches des entzogenen Wertes gehende Strafe den Berechtigten notwendigerweise bereichert, ändert nicht das Geringste an der rein pönalen Natur der hierzu dienenden Klage.[1])

Entscheidend sind vielmehr, wie später noch ausführlich dargetan werden wird, folgende Grundsätze: Während die Strafe „eine neue Wunde schlägt", soll der Ersatz die erste „Wunde heilen";[2]) während „der Grund für die Strafe im Unrecht des Verletzers" zu suchen ist, liegt „der Grund für den Schadensersatz im Recht des Verletzten".[3])

Was man auch immer als den eigentlichen Zweck der Strafe ansehen, worin man ihre Rechtfertigung suchen mag, ihrer Natur nach ist sie ein zweites Übel, das einem ersten Übel folgt und sich in umgekehrter Richtung bewegt.[4])

Vielleicht aus einem impulsiven Rückschlag entstanden, war der Rachetrieb das ursprünglich strafzeugende Moment.[5]) Erst weit über das Maß der Vergeltung hinausgehend, fand es später am Talionsprinzipe seine Grenze, um wieder später im Kompositionensystem zu einer Abschätzung der zugefügten Schmerzen überzugehen; erst auf die ganze Sippe sich erstreckend, macht später die Vergeltung beim Täter Halt, um endlich auch diesen nur im Falle des Verschuldens zur Verantwortung zu ziehen; erst ein Recht oder gar eine Pflicht des Einzelnen, ist es später der Staat, der für seine Bürger eintritt,

---

1) Hierzu stehen in schroffem Gegensatz die neuerlichen Ausführungen bei Strauß, Die Buße etc. S. 9—10. Ich halte indessen an der im Text vertretenen Auffassung fest.

2) v. Liszt, Strafrecht S. 230; übereinstimmend die gemeine Meinung.

3) Heckscher, Die Privatdelikte im römischen Recht S. 44.

4) Vgl. insbesondere: Cleß, Wesen der Strafe S. 11. — Kohler, Wesen der Strafe S. 6. — Merkel, Lehrbuch § 65. — Reinhardt a. a. O. S. 7. — Dagegen wohl einzig Heinze in Holtzendorffs Handb. Bd. 1 S. 321fg. (§ 32).

5) Für das Folgende vgl. Löffler, Die Schuldformen des Strafrechts S. 14fg. — v. Liszt, Strafrecht §§ 2 bis 4. — Merkel, Der Begriff der Strafe in seinen geschichtlichen Beziehungen (Ges. Abhandlungen I. 7). — Liepmann, Einführung in das Strafrecht S. 14fg.

indem er es übernimmt, die einem solchen zugefügte Verletzung zu ahnden.

Dieser Gesichtspunkt des Strafanspruchs, welcher uns hier vorzüglich interessiert, war ausschlaggebend bereits für die römische Zweiteilung der poenae publicae und privatae, eine Tatsache, die umsomehr der Hervorhebung bedarf, als sie in der Literatur auffallend selten klar zum Ausdruck kommt.[1]) Wie tief die Anschauung von der Strafberechtigung des Einzelnen im Bewußtsein der damaligen Zeit wurzelte, beweisen die Popularklagen, bei denen der Kläger, auch wenn sein eigenes Interesse in keiner Weise gefährdet war, die Strafe einzog, für den Fall zwar, daß sich kein besser Berechtigter meldete.[2])

Die Reaktion des Staates war, wie überall, so auch in Rom, zunächst beschränkt auf den gegen seine eigene Integrität gerichteten Angriff. „Das ausschließliche Einschreiten gegen die Schädigung des Gemeinwesens ist das früheste Stadium des Strafrechts.“ [3]) „Was dem Einzelnen Leides zugefügt ward, hat . . . . ohne Frage auch in Rom er anfänglich selber wettzumachen.“ [4])

Genau das gleiche gilt für das alte deutsche Recht, wo die in den ersten Anfängen nur auf Friedensbrüche Anwendung findende öffentliche Strafe erst dann größere Bedeutung zu gewinnen vermochte, als es der Autorität des Staates gelungen war, den an Stelle der alten Blutrache vermöge einer milderen Auffassung allmählich Eingang findenden Sühnevertrag zur Rechtspflicht zu machen.

In Rom wiederum gab die Einrichtung der crimina extraordinar, welche dem Verletzten die Wahl ließen, ob er eine Privatbuße oder eine öffentliche Strafe beantragen wollte, den

---

[1]) Vgl. Fast, Adhäsionsprozess S. 19 und 22. Am deutlichsten scheint die im Text vertretene Auffassung durch bei Puchta, Institutionen Bd. 3 S. 102; der auch dort betonte prozessuale Gesichtspunkt erhält bei Mommsen das Schwergewicht.

[2]) Vgl. v. Savigny, Obligationenrecht Bd. 2 S. 303fg.

[3]) Mommsen a. a. O. S. 58.

[4]) Ebenda S. 60; vgl. auch S. 175.

Anstoß, die schwersten Fälle der Privatdelikte zu Offizialdelikten zu erheben.

Und erst allmählich beginnt der Staat, in Erkenntnis seiner höheren Pflicht des Rechtsschutzes seiner Glieder, in der Verletzung der diesen zugestandenen Rechte eine Mißachtung seiner selbst, eine Übertretung seiner Gebote zu erblicken.[1]) Der Eingriff in die Interessensphäre des Einzelnen erhielt den Charakter der Rechtsverletzung; und diese Auffassung trat mit solcher Konsequenz an die Stelle der früheren, daß der Staat weniger auf den Umfang des im einzelnen Falle angerichteten Schadens, als auf den Grad des seinen Geboten entgegengebrachten Ungehorsams sein Augenmerk richtete und an diesem Maßstabe ein neues Strafsystem konstruierte, das er in den Dienst der bestehenden Gesellschaftsordnung stellte.[2])

§ 4.

Die Strafe, eine Pflicht des Staates: ganz rein hat sich dieser Gedanke niemals durchführen lassen. Die Bewegung, welche auf diesen Erfolg hinzielte, ist, noch ehe sie zum Abschluß gelangt war, auf eine Gegenströmung gestoßen. Die Zahl der Fälle, in denen der Staat die Verfolgung des Delinquenten von der Entscheidung des unmittelbar Betroffenen abhängig macht, haben sich in unserer letzten Kodifikation im Verhältnis zur vorhergehenden erheblich vermehrt, wogegen dann durch die Novelle von 1876 wiederum eine Einschränkung erfolgte. Bei Beleidigungen und Körperverletzungen aber ist noch heute der Gesichtspunkt des öffentlichen Interesses für das Einschreiten der Staatsanwaltschaft maßgebend.[3]) Aber auch in diesen Fällen der Privatklage ist die Strafe selber eine

---

[1]) Vgl. die ausführliche Darstellung bei Rosenfeld, Nebenklage S. 3—74.

[2]) Über diese Entwicklung wären zu vergleichen die Vorträge von Loening (Begründung des Strafrechts) und Merkel (Entwicklung des Strafrechts); ferner im Lehrbuch Merkels der § 72.

[3]) § 416 St.P.O.

öffentliche: „Die Strafe ist stets ein Recht des Staates: ihm allein erwächst der Anspruch auf die Strafleistung.“ [1])

Die Strafe, ein Anspruch des Staats: diese Überzeugung hat sich bis zu den letzten Konsequenzen durchzuringen gewusst, eine Tatsache, deren innigen Zusammenhang mit der kulturhistorischen Entwicklung des Strafproblems überhaupt Ihering in seinem „Schuldmoment im römischen Privatrecht“ [2]) schlagend nachgewiesen hat. Dort heißt es:

„Der Begriff der Strafe hat sich in der modernen Welt mehr und mehr von dem Gebiet des Zivilrechts auf das des Strafrechts zurückgezogen, während es auf den niederen Kulturstufen des Rechts alle Teile desselben durchdringt.“ [3]) — Und weiter: „Das Strafprinzip im Privatrecht ist der Gedanke einer niederen Kulturstufe, welcher dem Fortschritte des Rechtsbewußtseins und der Rechtsentwicklung unabwendbar erliegt, um das Schadensersatzprinzip an seine Stelle treten zu sehen.“ [4])

Unter der Herrschaft dieses Gesetzes sehen wir die Umformung der bestehenden Institute vor sich gehen. So erklärt sich zunächst das völlige Verschwinden der altdeutschen Privatstrafe, die doch einst den Grund- und Eckstein unseres heimatlichen Strafrechts gebildet hatte; aber wie sie nach der einen Seite in Form der Gewette den Charakter der Geldstrafe annimmt, so verliert sie nach der anderen Richtung hin den Charakter der Strafe überhaupt und wird zum reinen Schadensersatz. [5])

Dem gleichen Prinzip entspringt fernerhin die Tatsache, die wir bei Dernburg lesen [6]): „Trotz der Rezeption des römischen Rechts gewannen die Privatstrafen in Deutschland keine Bedeutung.“

---

[1]) Binding, Normen Bd. 1, 2. Aufl. S. 456. Denselben Gedanken betont mehrfach Rosenfeld a. a. O. S. 5, 43, 79.

[2]) Die eingeklammerten Ziffern der folgenden auf diese Schrift bezüglichen Verweise folgen der Paginierung der „vermischten Schriften“.

[3]) S. 3 (158).

[4]) S. 66 (227).

[5]) Vgl. dazu v. Liszt, Strafrecht § 4.

[6]) Bürgerliches Recht Bd. 2,2 S. 608.

Besonders auffallend und interessant erscheint nach dieser Hinsicht die Wandlung der actio injuriarum.[1]) Sie hat in Rom den Charakter einer reinen Strafklage[2]) und ist materiell unzweifelhaft rezipiert.[3]) Der Begriff der Injurie umfaßte im weitesten Sinne jede Art der Personalverletzung, speziell aber den Angriff auf die Ehre, sei es verbis (Verbalinjurie), sei es re (Realinjurie).[4]) Man hatte hier also das historisch legitimierte Mittel in der Hand, dem Betroffenen „einen realistischen Erfolg mittels einer ihrer Anlage (nach) nicht auf diesen, sondern auf den idealen Zweck der psychologischen Genugtuung für eine erlittene Rechtskränkung gerichteten Klage“[5]) zu beschaffen.

Aber der veränderten Rechtsauffassung gegenüber hatte nun eben einmal der Gedanke des Privatstrafanspruchs seine Existenzberechtigung verloren. Und so büßte denn die actio injuriarum ihre ursprüngliche Straffunktion in gleichem Maße ein, als die Überzeugung von der Unzulänglichkeit ihrer reinen Ersatzfunktion gerade für die von ihr gedeckten Fälle der Beleidigungen und Körperverletzungen sich Bahn brach.

„Gemeinrechtlich wurde der Gesichtspunkt der Entschädigung ausschließlich entscheidend“[6]) — das ist das Resultat, mit dem die betrachtete Entwicklungsperiode tatsächlich abschließt.

Es entsprach demnach vollkommen den positiv gegebenen Verhältnissen, wenn gelegentlich der Beratung der Strafprozeß-

---

[1]) Vgl. zum Folgenden: Dernburg, Pandekten Bd. 2 §§ 129, 137; desselben Bürgerliches Recht Bd. 2 § 382. — Windscheid-Kipp, Pandekten § 472. — Stobbe-Lehmann, Deutsches Privatrecht Bd. 3 §§ 258, 259. — Mommsen, Röm. Strafrecht Buch IV Abschnitt 9. — Puchta, Institutionen Bd. 3 § 277. — v. Ihering, Rechtsschutz gegen injuriöse Rechtsverletzungen.

[2]) Mommsen a. a. O. S. 801. — Dernburg, Pandekten S. 372.

[3]) Stobbe-Lehmann a. a. O. S. 504. Dernburg a. a. O. S. 373.

[4]) v. Ihering a. a. O. S. 180. — Mommsen a. a. O. S. 787. — Puchta a. a. O. S. 108.

[5]) v. Ihering a. a. O. S. 160.

[6]) Dernburg, Pandekten Bd. 2 S. 354. — Vgl. dazu Förster-Eccius, Preuss. Privatrecht Bd. 1 S. 551; Bd. 2 S. 477. — Die prinzipielle Giltigkeit der Privatstrafen auch für das heutige Recht behauptet Windscheid-Kipp Bd. 2, S. 324.

ordnung im Jahre 1876 geltend gemacht wurde: „die actio injuriarum aestimatoria des gemeinen Rechts sei übrigens in Deutschland nirgends mehr in Geltung[1]), sie passe nicht mehr in das jetzige System“.[2]) Die Warnung Bährs, „die Beleidigung sei ein Privatdelikt und trage ihrer innersten Natur nach einen größeren Anspruch auf Sicherheit in sich, als die Verfolgung im Strafverfahren gewähre,“[3]) verhallte ungehört, und so fand denn die praktisch längst zur Leblosigkeit erstarrte Privatstrafe auch formell ihre endgiltige Ruhestätte im § 11 des Einführungsgesetzes zur Strafprozeßordnung:

> „Die Verfolgung von Beleidigungen und Körperverletzungen findet nur nach den Vorschriften der Strafprozeßordnung statt.“

Längst war aber auch die Bewegung über das Ziel hinausgeschossen; sie hatte sich nicht damit begnügt, die rein pönalen Elemente aus dem Zivilrecht auszuscheiden. Einmal von dem Gedanken durchdrungen, daß dem Einzelnen ein Recht auf Strafe in keinem Falle zustehen könne, war dem Volksgeiste der Blick getrübt, der die nunmehr zu ziehende Grenze hätte scharf erkennen und erfassen sollen.

„Unsere heutige Trennung zwischen Strafrecht und Zivilrecht, wie berechtigt sie auch ist vom Standpunkte der Systematik unseres gegenwärtigen Rechts, hat doch den Übelstand in ihrem Gefolge, daß unsere Wissenschaft dem Begriff der Strafe innerhalb des Zivilrechts nicht die entsprechende Beachtung geschenkt hat.“[4])

Es ist derselbe Ihering, dem wir diese Mahnung entnehmen, und der an anderer Stelle dem Gelde ausdrücklich neben der „Äquivalentfunktion“ noch eine „Satisfaktionsfunktion“ und eine „Straffunktion“ zubilligt.[5])

---

[1]) Protokolle der Kommission S. 768 (v. Amsberg); — bei Hahn, Materialien zur St.P.O. S. 1178.

[2]) Ebenda (v. Schwarze); Hahn a. a. O. S. 1179.

[3]) Ebenda S. 1179.

[4]) v. Ihering, Schuldmoment S. 3 (157).

[5]) Derselbe, Gutachten betreffend die Gäubahn S. 51fg. Die gleiche Scheidung vertritt Degenkolb im Archiv für die zivilistische Praxis Bd. 76 (der spezifische Inhalt des Schadensersatzes) S. 25fg.

Der Widerspruch, in den der scharfsinnige Autor hier mit sich selbst geraten ist, fällt zurück auf die Technik des modernen Rechts, welche hier dem Anspruch des Verletzten mit der Vertauschung seines juristischen Gewandes einen Teil seines Inhalts geraubt hatte. Man hatte — um mit dem Volke zu reden — das Kind mit dem Bade ausgeschüttet!

§ 5.

Indem man von der Terminologie ausging, daß, was nicht Strafe sei, Ersatz sein müsse, indem man weiter argumentierte, daß nur, was ersetzbar sei, Gegenstand des Ersatzes sein könne, war man vermittelst logisch unanfechtbarer Deduktionen zu praktisch unhaltbaren Ergebnissen gelangt. Man erkennt hier so recht, einen wie verhängnisvollen Einfluß unter Umständen die wissenschaftliche Auffassung auf die praktische Handhabung einer Materie auszuüben vermag.

Man hatte das begriffliche Kriterium der Strafe, statt in den durch sie zu bewirkenden Rückschlag gegen den Beklagten, in die aus ihr fließende Wirkung auf den Kläger verlegt. Dadurch hatte sich mit dem Moment der Strafe das der Genugtuung derart verwoben, daß man mit jenem auch diesen Anspruch des Verletzten für beseitigt erklärte, anstatt daß man gerade umgekehrt die pönale inhaltlich in eine zivile Forderung hätte umsetzen sollen.

„Je mehr die Privatstrafe aus dem geltenden Recht verschwindet, desto unentbehrlicher ist die Berücksichtigung des immateriellen Schadens bei der Ordnung der Schadensersatzpflicht.“[1]) Diese allein richtige Auffassung hat sich in der modernen Literatur nur unter schweren Kämpfen durchzuringen vermocht. Zunächst galt es den geschlossenen Widerstand der romanistischen Wissenschaft zu brechen, welche auf dem römischen Standpunkt verharrte, wonach der Begriff der Obligation dem allgemeineren des Vermögensrechts unterfiel.[2])

---

[1]) Gierke, Der Entwurf eines Bürgerlichen Gesetzbuchs und das deutsche Recht S. 195.

[2]) So lehren Sohm, Puchta, Vangerow, Wächter u. a.

Als berufener Vertreter dieser Theorie hatte Friedrich Mommsen ausdrücklich erklärt, daß der Schadensersatz sich soweit erstrecke, als das „Interesse“ reiche, und daß dieses nur aus solchen Gegenständen bestehen könne, welche zu Vermögensobjekten sich eignen.[1])

Ob die Versuche Iherings[2]) und Lehmanns[3]), die Giltigkeit dieser Sätze auf Grund der Quellen zu widerlegen, als gelungen zu erachten sind, mag dahingestellt bleiben. Richtig ist jedenfalls die von Lehmann hervorgehobene „Tatsache, daß das Bemühen der gemeinrechtlichen Jurisprudenz überwiegend dahin gegangen ist, alle die Gebilde, die keine direkte Beziehung zum Vermögen hatten, aus dem Recht herauszudrängen.[4])

Als einziger nicht vermögensrechtlicher Forderungsinhalt hat sich in der gemeinrechtlichen Praxis in zwar hart befehdeter aber gleichwohl siegreicher Stellung nur das Schmerzensgeld zu behaupten vermocht, „ein Nachklang der alten Privatbuße“[5]), welches „aus der sächsischen Praxis allmählich in das gemeine Recht übergegangen ist“.[6])

„Mit dem Schmerzensgeld soll eine Entschädigung für die erlittenen Schmerzen gegeben werden; darum trägt die actio doloris nicht einen pönalen Charakter und ist eben deshalb von dem Wechsel der actiones poenales nicht berührt worden, sondern steht noch in gegenwärtiger Geltung“, so urteilte Wendt in seiner Darstellung des Pandektenrechts.[7])

Wenn gleichwohl schon damals Stimmen laut wurden, welche dem Schmerzensgelde nur rechtshistorischen Wert bei-

---

[1]) Zur Lehre vom Interesse S. 11, 122, 133. Dieselbe Meinung vertritt Kirchstetter in seinem Kommentar zum österreichischen bürgerlichen Gesetzbuch (S. 623).

[2]) Gutachten § 12 S. 60fg.

[3]) Die Schutzlosigkeit der immateriellen Lebensgüter S. 6fg.

[4]) Ebenda S. 11, 12.

[5]) Beseler, Deutsches Privatrecht Bd. 1 S. 538; vgl. auch Förster-Eccius, Preußisches Privatrecht Bd. 2 S. 483.

[6]) Wendt, Pandekten S. 656, wo sich auch das folgende Zitat anschließt.

[7]) Übereinstimmend Dernburg, Pandekten Bd. 2 S. 364. — Arndts, Pandekten S. 635. — Stobbe-Lehmann a. a. O. S. 526.

messen wollten, wenn sie sich vornehmlich dahin erklärten, daß in der vom Strafrichter zu erkennenden Buße eine Derogierung desselben zu erblicken sei,[1]) so spricht das deutlich genug für die Tatsache, wie wenig sich noch immer das Rechtsbewußtsein mit dem Gedanken vertraut machen wollte, den Ersatz ideeller Güter vom Zivilrichter zugesprochen zu erhalten.

Nur das französische Recht hat seit der napoleonischen Kodifikation den moralischen Schaden in vollem Umfange dem materiellen gleichgesetzt: „Tout fait quelconque de l'homme, qui cause à autrui un dommage, oblige celui par la faute duquel il est arrivé, à le réparer" — so lautet der den Deliktsabschnitt einleitende § 1382 code civil; und der Kommentator Sirey bemerkt dazu: „Le dommage moral donne droit à indemnité comme le dommage matériel."[2])

Auch legen die Annalen der französischen Gerichtspraxis Zeugnis dafür ab, daß dieselbe vor den äußersten Konsequenzen dieses Prinzips nicht zurückgeschreckt ist. Freilich, neben dem Urteile Kohlers, dem diese „compensation particulière à la souffrance" als „eine der glänzendsten Seiten der französischen Rechtsübung" erscheint,[3]) finden sich andere durchaus abweichenden Inhalts. Gerade mit Rücksicht auf das französische Recht äußert sich Hartmann dahin:[4])

„Es ist dem tieferen deutschen Sinn widerstrebend, die heiligsten Gefühle in schnödem Mammon abzumessen und jede schuldhafte Kränkung derselben durch eine Geldleistung auf-

---

[1]) So besonders Herzog im Gerichtssaal Bd. 26 S. 206 und Bd. 29 S. 427; — Geyer, Grundriß S. 155; — Berner, Strafrecht § 109; — H. Meyer, Strafrecht S. 377; — Schwarze, Kommentar S. 648; während umgekehrt Hellmann (im Archiv für die zivil. Praxis Bd. 78 S. 23fg.) aus der Statuierung der Buße die erneute Anerkennung des Schmerzensgeldes folgert. Dagegen richtig v. Liszt, Strafrecht (8. Aufl.) S. 93; — v. Malschitzki im Gerichtssaal Bd. 26 S. 544; und mit ausführlicher Begründung Wächter, Buße S. 72fg.; endlich Entsch. des R.G. in Zivils. Bd. 8 S. 117, 118.

[2]) Note 40 S. 606.

[3]) Patentrecht S. 652.

[4]) Gutachten zum Entwurf eines deutschen Bürgerlichen Gesetzbuches (Nr. X) S. 364.

wägen zu lassen." Ganz ähnlich Reiffel[1]): „Nur wer gewohnt ist, Almosen zu empfangen oder sittlich herabgekommen, kann eine derartige Entschädigung annehmen; einem anständigen Menschen ... müßte solches Geld auf den Nägeln brennen ... Unser ganzes Wesen sträubt sich dagegen, unsere innersten, heiligsten Gefühle öffentlich vor Gericht in Geld abschätzen zu lassen."

Umgekehrt macht wiederum Ihering in seinem schon oben angezogenen Gutachten betreffend die Gäubahn geltend[2]): „Die Polizei und die Strafrechtspflege schützen nicht bloß das Vermögen, sondern erstrecken ihre schirmende Hand auf alle Güter, ohne die das Leben nicht bestehen kann. Soll der Zivilrichter es nicht tun? Ein innerer Grund ist nicht abzusehen." Und bei Osthelder heißt es[3]): „Der Einwand, seelischer Schmerz und Geld seien unvergleichbare Größen, erscheint nicht von ausschlaggebender Bedeutung. . . . Eine Genugtuung durch einen Geldzuspruch ist ja nicht unmöglich."[4])

§ 6.

Man sieht: die Waffen, mit denen hier gefochten wird, sind weniger sachliche Gründe, als vielmehr subjektive Empfindungen — eine gewisse Sentimentalität auf der einen, praktische Lebensauffassung auf der anderen Seite. Wissenschaftlich widerlegen läßt sich diese Auffassung so wenig wie jene; um so fruchtloser erscheint aber auch der Kampf. Und wie sich in der Doktrin die Ansichten unvermittelt und unversöhnlich gegenüberstehen, so legen die auf dem Boden des gemeinen Rechts erwachsenen Zivilgesetzbücher Zeugnis ab von der Unschlüssigkeit, die den Geist des 19. Jahrhunderts unserem Problem gegenüber beherrschte.

Zwar weist jedesmal der Abschnitt über die Deliktsobligationen Begriffsbestimmungen über Schaden und Ersatz auf,

---

[1]) Zeitschrift für französ. Zivilrecht Bd. 20 S. 710.

[2]) Auf S. 50.

[3]) Zeitschrift für französ. Zivilr. Bd. 19 S. 494, 495.

[4]) Vgl. auch Petsch, Buße S. 33, 34.

welche einer noch so extensiven Interpretation fähig erscheinen. Ausdrücklich wird der Schaden nicht nur auf das Vermögen, sondern daneben auch auf die idealen Güter bezogen.[1]) Ausdrücklich wird zwischen bloßer Schadloshaltung und voller Genugtuung unterschieden.[2])

Daß es jedoch dem Gesetzgeber auch hier nur um die Rückwirkung des Schadens auf das Vermögen, um eine Abstufung des Umfangs dieser materiellen Einbuße zu tun ist, beweisen gleich die nächsten Paragraphen, in denen der Schaden inhaltlich umgrenzt[3]), insonderheit das damnum emergens vom lucrum cessans geschieden wird.[4])

Durchweg berücksichtigt erscheint allerdings auch in diesen Gesetzbüchern das Schmerzensgeld.[5]) Dagegen findet sich die Schutzwürdigkeit anderweiter ideeller Güter, wie etwa der Freiheit[6]) oder der Ehre[7]) — um ihrer selbst willen, also unabhängig von einer mittelbaren Vermögensgefährdung — nur sehr vereinzelt anerkannt.

Neuerdings hat sich die Schweizer Eidgenossenschaft entschlossen, in ihrem Obligationenrecht die Bahnen des französischen Rechts zu betreten und hat in den Artt. 54 und 55 bedingungslos die Konsequenzen dieses Standpunkts durchgeführt.

Dasselbe zu tun hat unser neues Bürgerliches Gesetzbuch sich gescheut; es hat hier wie in so vielen anderen Punkten der Entscheidung einer von der Doktrin noch nicht als spruchreif anerkannten Frage nicht vorgreifen wollen. So bewegt sich das Gesetz gewissermaßen in der Diagonale, indem es im

---

[1]) I 6 § 1 A.L.R. — § 1293 Östr. B.G.B. — §§ 116. 1483 Sächs. B.G.B.

[2]) I 6 §§ 10, 12 A.L.R. — §§ 1324, 1330 Östr. B.G.B.

[3]) §§ 85 fg., 98, 115 fg., 132 u. s. w. I 6 A.L.R. — §§ 1325 fg. Östr. B.G.B. — §§ 1490 fg. Sächs. B.G.B.

[4]) §§ 5—7 A.L.R. — § 1323 Östr. B.G.B. — § 124 Sächs. B.G.B.

[5]) §§ 112 fg. A.L.R. — § 1325 Östr. B.G.B. — § 1489 Sächs. B.G.B.

[6]) § 1497 Sächs. B.G.B.

[7]) Die Bestimmung des § 130 A.L.R. ist bereits durch Allerhöchste Kabinetsorder vom 1. Februar 1811 ausdrücklich aufgehoben. Bezüglich des Schutzes der weiblichen Geschlechtsehre siehe bei Wächter im Archiv für die zivilistische Praxis Bd. 23 S. 96 über das „Kränzchen“ im württemb. Recht.

§ 253 die Gleichstellung der ideellen mit den materiellen Interessen prinzipiell ablehnt und dafür in den §§ 847, 1300 gewissen Gütern durch ausdrückliche Anerkennung ihrer Ersatzbedürftigkeit besonderen Schutz gewährt.

Nicht so sehr die Kompromißnatur dieser generellen Maxime, als vielmehr die Disharmonie der dadurch bedingten Einzelbestimmungen trägt die Schuld daran, dass die reichsrechtliche Regelung des Schutzes der immateriellen Lebensgüter so gänzlich die Systematik vermissen läßt, wovon uns später die Stellung der Buße innerhalb dieses Systems überzeugen wird.

Freilich der Gesetzgeber hatte einen schweren Stand. Neben die allgemeinen Bedenken, einen Freibrief für die Verfolgung physischer Verletzungen und psychischer Kränkungen zu erteilen, war die spezielle Rücksicht auf die prozessuale Durchführbarkeit einer solchen Maßnahme getreten. — Die Motive geben darüber Auskunft[1]):

„Durch allgemeine Anerkennung eines Entschädigungsanspruchs wegen Verletzung eines nicht vermögensrechtlichen Interesses würde dem Richter jene dem deutschen Rechte fremde Souveränität seiner Stellung gegenüber dem Streitverhältnisse beigelegt, welche erst bei der Beratung der Zivilprozeßordnung nach reiflicher Prüfung als bedenklich erfunden und deshalb verworfen wurde; insbesondere ließen sich Schranken für das Ermessen des Richters kaum aufstellen und wäre der Revisionsrichter im konkreten Falle häufig nicht in der Lage, eine unpassende Ausübung der diskretionären Gewalt des Richters zu korrigieren ...... Anlangend ... den Fall deliktischer Zufügung eines anderen als eines Vermögensschadens, so müssen freilich an sich auch die sogenannten idealen Rechte gegen widerrechtliche Verletzung gesichert, und es kann dieser Schutz nicht ausschließlich in das Strafrecht verlegt werden; vielmehr ist dem Verletzten geeignetenfalls nach den Postulaten der Gerechtigkeit auch eine Schadloshaltung zu gewähren. Obwohl auch in der Doktrin die Stimmen für die Berück-

---

[1]) Bd. 2 S. 22.

sichtigung nicht vermögensrechtlichen Schadens in Schädenprozessen sich mehren, sind doch die angeführten Bedenken überwiegend und ausschlaggebend gegen die Aufnahme einer allgemeinen und deshalb unbestimmten, für die meisten und größten Rechtsgebiete überdies zu einer einschneidenden Neuerung führenden Rechtsnorm, nach welcher eine durch das freie Ermessen des Richters zu bestimmende Entschädigung wegen deliktischer Zufügung eines anderen als eines Vermögensschadens in Geld gefordert werden könnte."

§ 7.

Überzeugend hat dieser Entlastungsversuch auf die Begutachter des Entwurfs im allgemeinen nicht zu wirken vermocht.[1]) Allerdings müssen gerade die radikalen Verfechter der französischen Anschauungsweise anerkennen, daß das materielle Prinzip des code civil seine eigentliche Ergänzung findet in der Bestimmung des Art. 3 code d'instr. crimin.:

„L'action civile peut être poursuivie en même temps et devant les mêmes juges que l'action publique."

Das hierin ausgesprochene Prinzip des sogenannten Adhäsionsprozesses ist denn auch von der Mehrzahl der deutschen Partikularstaaten in die von ihnen seit der Mitte des 19. Jahrhunderts fast durchgehends erlassenen Strafprozeßordnungen aufgenommen worden, für welche überhaupt das französische Verfahren vorbildlich gewesen ist.[2])

„Diesen Adhäsionsprozeß findet man in der Doktrin des 19. Jahrhunderts als ein fertiges Rechtsinstitut eingebürgert"[3]),

---

[1]) Vgl. Hartmann, Gutachten S. 362fg. — Gierke, Entwurf S. 154. — Menger a. a. O. S. 495. — Schmidt, Gutachten S. 1187 (der Zusammenstellung der Gutachten aus dem Anwaltstande); die anscheinende Polemik gegen die Ausdehnung des Ersatzbegriffs bei Degenkolb (a. a. O. S. 22fg.) bezieht sich im Grunde nur auf die Terminologie.

[2]) Vgl. v. Lilienthal, Strafprozeßrecht in Birkmeyers Encyklopädie S. 1101. Ortloff, Adhäsionsprozeß S. 13.

[3]) Ortloff a. a. O. S. 10.

während man „ihn im positiven gemeinen Recht zu suchen sich vergeblich bemüht[1].“

Während dann Preußen in der Kriminalordnung von 1805 ausdrücklich erklärt, daß „ein anderer Hauptzweck“ des Strafprozesses darin besteht, dem Beschädigten zum Ersatz seines Schadens zu verhelfen[2], bricht es in seinen Prozeßgesetzen aus der Mitte des Jahrhunderts mit diesen Anschauungen vollständig[3], sodaß im Jahre 1855 Abbeg schreiben durfte: „Ein sogenannter Adhäsionsprozeß kommt in Preußen nicht nur unter diesem Namen nicht, sondern auch selbst der Sache nach nicht vor.“[4]

„Es muß in der Tat auffallen, daß mehrere Gesetzgebungen und zwar der größeren deutschen Staaten den Adhäsionsprozeß ausgeschlossen haben, ungeachtet dessen, daß seine Vorzüge von der Theorie gegen Ende des vorigen und zu Anfang dieses Jahrhunderts vielfach anerkannt waren[5]“: so beurteilt Ortloff die Lage der Verhältnisse, wonach das Institut in den Staaten Thüringen, Braunschweig, Lübeck, Baden, Sachsen und Hamburg positive Giltigkeit erlangt hatte, dagegen von Württemberg, Hessen und Preußen verworfen worden war.[6]

Derselbe Schriftsteller begrüßt dann die Aufnahme diesbezüglicher Bestimmungen in den Entwurf einer deutschen Strafprozeßordnung[7] „mit Freuden als einen durchgreifenden Fortschritt auf dem Wege der Rechtsübung.“[8]

Wenn aber auf der einen Seite die Identität des Klaggrundes die Einheitlichkeit des Verfahrens zu fordern schien, so gab auf der andern Seite die Übertragung der nach ganz anderen Rücksichten organisierten Strafuntersuchung auf die Beurteilung einer zivilen Forderungsklage zu Bedenken Anlaß:

---

[1] Ebenda S. 6. — Übereinstimmend wohl Rosenfeld, Nebenklage S. 42.
[2] § 6.
[3] Rosenfeld a. a. O. S. 70.
[4] Goltdammers Archiv Bd. 3 S. 591.
[5] Ortloff a. a. O. S. 17.
[6] Vgl. Hahn, Materialien zur Strafprozeßordnung S. 283—285.
[7] §§ 328—341.
[8] Goltdammers Archiv Bd. 22 S. 471.

wenn durch die Adhäsion der Schadenprozeß gekürzt wurde, so erschwerte sie in gleichem Maße den Strafprozeß, bei dem die Schnelligkeit der Abfertigung eine noch weniger erläßliche Forderung zu sein schien, als bei jenem.

Man hatte gehofft, die Schwierigkeiten, die das neue System offenbar bot, überwunden zu haben,[1] und doch scheiterte es noch in letzter Stunde, und zwar, wie die Motive verraten, an der Rechtsmittelfrage,[2] mithin an demselben Hindernis, auf dessen Bedeutung uns auch die angeführten Motive zum Bürgerlichen Gesetzbuche aufmerksam gemacht haben.

Zur selben Zeit aber, da man dem Strafrichter die Beurteilung des privaten Genugtuungsanspruches entzog, befreite man den Zivilrichter von jenen Fesseln, die seine Stellung im gemeinen Prozesse so unerträglich gemacht hatten. An die Stelle jenes „Formalismus, der das Beweisrecht in feste Regeln zu bannen suchte",[3] trat mit dem 1. Oktober 1879 das Prinzip der freien Beweiswürdigung. Während bisher der Nachweis eines jeden Bruchteils der durch ein Delikt erlittenen Benachteiligung mit einer bis zur Pedanterie gesteigerten Genauigkeit erbracht werden mußte, galt nunmehr die Norm des § 260 der Zivilprozeßordnung:

> „Ist unter den Parteien streitig, ob ein Schaden entstanden sei, und wie hoch sich der Schaden oder ein zu ersetzendes Interesse belaufe, so entscheidet hierüber das Gericht unter Würdigung aller Umstände nach freier Überzeugung".[4]

Der Fortschritt, der hiermit gegeben war, läßt sich ermessen, wenn man die Literatur vergleicht, welche auf die Beseitigung der gröbsten Mißstände jenes sonderbaren Rechtszustandes hinzuwirken bemüht war. In grellen Farben schildert

---

[1]) Vgl. Motive zum 1. Entwurf (1873) S. 194.

[2]) Vgl. Motive zum 3. Entwurf S. 227 (der „Anlagen" zu den Verhandl. des Reichstags 1875); bei Hahn S. 285.

[3]) v. Bar in v. Holtzendorffs Encyklopädie S. 783.

[4]) Vorläufer dieser Bestimmung finden sich im Handelsgesetzbuch von 1861 Art. 27; im Urheberrechtsgesetz § 19; im Haftpflichtsgesetz § 7 Abs. 1. — Vgl. Dochow, Buße S. 23.

den „Notstand des Schädenprozesses“ in einer so betitelten Schrift aus den sechziger Jahren Lehmann wie folgt:[1])

„Mag der Schaden, der einem zugefügt worden, noch so bitter und noch so empfindlich sein, er (sic!) wird immer besser tun, auf die rechtliche Verfolgung zu verzichten, als den Prozeß anzustrengen und dabei das gute Geld nach dem bösen (sic!) zu werfen.“

Für die Notwendigkeit einer Umgestaltung dieser Verhältnisse hatte sich insonderheit der 6. deutsche Juristentag ausgesprochen;[2]) ihr galt die Beantragung einer Revision des betreffenden Abschnitts des österreichischen bürgerlichen Gesetzbuches, welche zu einer Reihe von Meinungsäußerungen der österreichischen Gelehrtenwelt führte.[3])

So wirkten denn die Mängel des formellen und materiellen Rechts zusammen zu dem Ergebnis, das wir der vorstehenden geschichtlichen Betrachtung entnehmen dürfen: zur völligen Schutzlosigkeit der idealen Güter des Lebens. Unter dem Gesichtswinkel eines hier allgemein empfundenen Bedürfnisses wollen wir uns nun der Betrachtung desjenigen Instituts zuwenden, welches das im Jahre 1870 erlassene Reichsstrafgesetzbuch als ein neues Element in die Rechtswelt einführte: der Buße.

§ 8.

Die Spuren ihrer Entwicklung lassen sich bis tief in die Vorarbeiten zum preußischen Strafgesetzbuch verfolgen. Der Entwurf von 1843 — der fünfte in der ganzen Reihe, der erste, welcher einen Versuch enthält, die Buße dem System des materiellen Strafrechts einzuverleiben — traf im § 281 die folgende Bestimmung:

---

[1]) Auf S. 1.

[2]) Bd. 3 (nicht, wie in der gesamten Literatur zitiert wird, Bd. 2) der Verhandlungen S. 250fg.

[3]) Es kommen in Betracht die hierüber von Pfaff, Strohal, Randa erstatteten Gutachten und die Abhandlungen über die Lehre vom Schadensersatz nach österr. Recht von Pfaff und Unger (in Grünhuts Zeitschr. Bd. 8).

„Ist eine Verletzung der Ehre von der Art, daß für die bürgerlichen Verhältnisse des Beleidigten, seinen Geschäftsbetrieb oder sein Fortkommen nachteilige Folgen zu besorgen sind, so ist der Beleidiger auf den Antrag des Beleidigten zu einer dem letzteren in Gelde zu leistenden Genugtuung zu verurteilen, deren Betrag der Richter nach den Umständen zu ermessen hat. Die gesetzliche Strafe findet unabhängig hiervon statt."

Dazu § 6:

„Das Recht des Beschädigten auf Schadensersatz ist von der Bestrafung des Täters unabhängig."

Nachdem der 6. Entwurf den Gedanken hatte fallen lassen, weil „die Gründe der Minorität durch die der Majorität nicht widerlegt erschienen",[1] lebte er im 7. Entwurf (1846), freilich in erheblich veränderter Gestalt, wieder auf. Es lautet daselbst der § 205:

„Wenn eine Verletzung der Ehre nach der Überzeugung des Richters nachteilige Folgen für die Vermögensverhältnisse, den Erwerb oder das Fortkommen des Beleidigten mit sich bringt, so ist, neben den oben vorgeschriebenen Strafen, auf Antrag des Beleidigten auch noch eine an denselben zu entrichtende Geldbuße in dem Erkenntnis auszusprechen, welche jedoch niemals Eintausend Thaler übersteigen darf. Eine solche Geldbuße hat die Eigenschaft einer Zivilentschädigung und die Entscheidung über den Antrag auf dieselbe schließt eine weitere Entschädigungsklage im Wege des Zivilprozesses aus."

Bemerkenswert erscheint, daß bei der Wiederaufnahme dieser Bestimmung die Stimmen in der Kommission 5 : 5 standen, daher die des Präsidenten den Auschlag gab. Gleichzeitig wird in den Verhandlungen der Kommission hervorgehoben, daß es sich hier doch „weniger um eine eigentliche Entschädigung als vielmehr um eine Privatstrafe" handle.[2]) Dasselbe betonen nochmals die Motive zu § 209 des 8. Ent-

---

[1]) Revision des Entwurfs (1845) S. 100.

[2]) Vgl. Verhandlungen der Kommiss. (1846) S. 109.

wurfs,[1]) der den unveränderten Wortlaut der Bestimmung aus dem vorhergehenden herübergenommen hatte.

Plötzlich verschwindet die Buße wieder gänzlich im letzten Entwurf und bleibt somit dem preußischen Strafgesetzbuch von 1851 vorenthalten, ohne daß sich die Motive in irgend welcher Weise über die Gründe äußern, welche für diese abermalige Meinungsänderung den Ausschlag gegeben haben mögen.[2])

Der 1. Entwurf eines neuen deutschen Strafgesetzbuches machte gleich wieder den Versuch, das Institut, das zu vermissen man inzwischen wohl Gelegenheit genug gehabt hatte, in das System einzuführen:

> „Wird auf Freiheitsstrafe erkannt, so kann überdies dem Verleumder die Zahlung einer Geldentschädigung an den Verleumdeten bis zum Betrage von Eintausend Thalern auferlegt werden. Die Vorschrift des § 8 wird dadurch nicht geändert —

so sollte es in § 166 heißen; der bezogene § 8 aber lautete:

> „Das Recht des Beschädigten auf Schadensersatz ist von der Bestrafung unabhängig."

Auch hier wieder vertreten die Motive die Auffassung, daß die Privatbuße „als Nebenstrafe zu erachten" sei.[3]) Weil aber bei der Kommission „die Meinung vorherrschend blieb, es schiene gerechtfertigt zu sein, die Entschädigung hier ganz außer Frage zu lassen",[4]) erhielt die Bestimmung nunmehr im 3. Entwurf[5]) die kurze Fassung:

> „Auf Verlangen des Verleumdeten kann zu Gunsten desselben neben der Strafe auf eine Buße bis zum Betrage von Eintausend Thalern erkannt werden" —

eine Fassung, für welche wieder, bezeichnend genug, eine Mehrheit von nur einer Stimme sich fand.[6])

---

[1]) Motive zum Entwurf (1847) S. 60.

[2]) „Der preußische Ständeausschuß verwarf auf Antrag seiner Kommission den § 209": Rücker, Die Buße S. 9.

[3]) Motive zum 1. Entwurf (1869) S. 155.

[4]) Verhandl. des Reichstags 1870 Bd. 1—2 S. 646.

[5]) Der 2. Entwurf ist nicht veröffentlicht und kann hier übergangen werden.

[6]) Vgl. die eben unter Nr. 4 zitierte Stelle.

Diesem § 184³ reiht sich § 225 an, welcher mit der Ausdehnung der Berechtigung zur Bußeforderung auf das Delikt der Körperverletzung eine Neuerung schuf, für welche die Materialien keinerlei vorbereitende Maßregeln enthielten:

„Auf Verlangen des Verletzten kann zu seinen Gunsten bei einer vorsätzlichen Körperverletzung, welche ihm ohne seine Schuld zugefügt worden ist, neben der Strafe auf eine Buße bis zum Betrage von Eintausend Thalern erkannt werden.

Für diese Buße haften die zu derselben Verurteilten als Gesamtschuldner.“

Motiviert wird die Einreihung dieser Bestimmung mit dem wenig inhaltreichen Satze: „Für die Festsetzung einer Privatbuße zu Gunsten des Verletzten sprechen bei einer vorsätzlichen Körperverletzung und zwar in erhöhtem Maße dieselben Gründe, welche für eine solche bei der Verleumdung entscheidend waren.“ [1])

Diese §§ 184³ und 225 wurden dem Reichstage vorgelegt; die §§ 181 und 224 wurden von ihm an deren Stelle gesetzt, und damit die Fassung beschlossen, die wir in den §§ 188 und 231 des Gesetzes vor uns haben.

§ 9.

Der § 188 des Reichsstrafgesetzbuches lautet:

„In den Fällen der §§ 186 und 187 (üble Nachrede und Verleumdung) kann auf Verlangen des Beleidigten, wenn die Beleidigung nachteilige Folgen für die Vermögensverhältniße, den Erwerb oder das Fortkommen des Beleidigten mit sich bringt, neben der Strafe auf eine an den Beleidigten zu erlegende Buße bis zum Betrage von sechstausend Mark erkannt werden.

Eine erkannte Buße schließt die Geltendmachung eines weiteren Entschädigungsanspruches aus.“

---

[1]) Motive zu dem dem Reichstage vorgelegten (3.) Entwurf S. 72 (des 3. Bandes der stenographischen Berichte).

Der § 231 des Reichsstrafgesetzbuches lautet:

„In allen Fällen der Körperverletzung kann auf Verlangen des Verletzten neben der Strafe auf eine an denselben zu erlegende Buße bis zum Betrage von sechstausend Mark erkannt werden.

Eine erkannte Buße schließt die Geltendmachung eines weiteren Entschädigungsanspruches aus.

Für diese Buße haften die zu derselben Verurteilten als Gesamtschuldner."

Die Änderungen, die inzwischen vor sich gegangen waren, sind grundsätzliche:

Es wird bei der Beleidigung auf das Erfordernis nachteiliger Folgen für Vermögen, Erwerb, Fortkommen zurückgegriffen und diese Bedingung bei der Körperverletzung nur deshalb nicht ausdrücklich hervorgehoben, weil man annahm, „daß schon in der Körperverletzung der Nachteil nachgewiesen" sei, was „bei der Beleidigung . . . nicht immer der Fall sei."[1])

Es ist ferner die Berechtigung zum Antrage auf alle Fälle der Körperverletzung ausgedehnt worden, „da nicht die Strafe, sondern die Entschädigung ins Auge gefaßt und der Beleidigte nur, wenn er beschädigt ist, der körperlich Verletzte aber immer zum Schadensersatz kommen sollte."[2])

Es ward das Maximum der Bußsummen von 1000 auf 2000 Thaler erhöht, eine Änderung, für deren geringe Bedeutung allerdings schon der Umstand spricht, daß sie weder motiviert noch diskutiert zu werden brauchte.

Um so wichtiger erscheint der letzte Punkt: die Konsumption des Ersatzanspruchs durch die Buße; hierdurch ist sie für den Beurteiler ihrer rechtlichen Qualifikation in ein ganz neues Licht gestellt worden. Wir werden davon noch zu sprechen haben.

Daß die Abänderungen, welche dem Institut die endgiltige Fassung gegeben haben, vom Plenum des Reichstags ausgingen,

---

[1]) Vgl. Verhandl. des Reichstags 1870 Bd. 1—2 S. 668.

[2]) Ebendaselbst.

verdient ganz besondere Hervorhebung. Wir sind wohl berechtigt, hierin ein Symptom dafür zu erblicken, daß weniger juristische Überlegung, als praktische Lebensauffassung für den Gesetzgeber maßgebend gewesen ist.

Deutlich bezeugen es die Protokolle der Reichstagsverhandlungen, mit welchem Eifer die Volksvertretung den neuen Gedanken aufnahm, ihn nach ihren Anschauungen und Bedürfnissen umgestaltete und so ein Gebilde schuf, das den Konflikt beseitigen sollte, in den, wie wir im ersten Teile unserer Untersuchung gesehen haben, die Praxis der Theorie zuliebe geraten war.

Während die Juristen bei Ausarbeitung des Entwurfs noch unter Berücksichtigung jener beiden Faktoren einen Ausgleich zustande zu bringen suchten, war, wie ich die Überzeugung gewonnen habe, für die späteren Abänderungen der soziale Gesichtspunkt der allein entscheidende. Wenn sich der Kommission Befürchtungen aufdrängten gegen ein Institut, das jeder juridischen Konstruktion entbehrte, so war das Plenum naturgemäß solchen Erwägungen unzugänglich.

Das Schwanken, die Unbestimmtheit in den Beratungen der Kommission, die geringe Majorität, mit der die Fassung der Entwürfe beschlossen wurde — die Einigkeit der Antragsteller, die Willfährigkeit des Hauses, die große Majorität, mit der diese Anträge ohne Debatte acceptiert wurden: auch hierin erkennt man die peinliche Gewissenhaftigkeit, die dort vorherrschte — den weiten Gesichtspunkt, der hier vertreten wurde.

Es ist deshalb auffallend und doch erklärlich, wenn sich bei den Fachmännern gar bald Bedenken gegen die eben erst ins Leben gerufene Institution einstellen, während gleichzeitig die Volksvertretung sich in der Ausdehnung ihres Gebietes nicht genug tun kann.

Als nur wenige Wochen nach dem Strafgesetzbuch das Gesetz betreffend das Urheberrecht beraten wurde, wurde vom Abgeordneten Lasker die Einfügung der Absätze 4 und 5 zum § 18 beantragt, welche den Bußebestimmungen des Strafgesetzbuchs ganz analog gefaßt waren, und dieses Amendement wurde trotz eindringlicher Warnung von seiten Dambachs und Oppenhoffs von der Majorität des Hauses genehmigt.[1])

Und so ist denn allmählich das Institut der Buße in alle zum Schutze des geistigen Eigentums erlassenen Gesetze übergegangen:

„Statt jeder aus diesem Gesetze entspringenden Entschädigung kann auf Verlangen des Beschädigten neben der Strafe auf eine an den Beschädigten zu erlegende Buße[2]) bis zum Betrage von .... tausend[3]) Mark erkannt werden. Für diese Buße haften die zu derselben Verurteilten als Gesamtschuldner.

Eine erkannte Buße schließt die Geltendmachung eines weiteren Entschädigungsanspruches aus."

Das ist die Formel, mit der regelmäßig[4]) die Berechtigung zu einer Bußforderung gesetzlich anerkannt wird. Nur dem Wortlaute nach bieten abweichende Fassungen § 14 des Gesetzes zur Bekämpfung des unlauteren Wettbewerbs vom 27. Mai 1896 und neuerdings § 40 des Urheberrechtsgesetzes vom 19. Juni 1901.

§ 10.

Daß die Buße bei ihrer letzten Beratung im Reichstage unter der Führung Laskers eine entschiedene Schwenkung von der pönalen nach der zivilen Seite hin vorgenommen hat, diese eine Tatsache findet sich in der Literatur übereinstimmend anerkannt. Eben darum lassen sich auch aus den Materialien zu den einschlägigen Paragraphen positive Anhaltspunkte für die Beurteilung des Wesens der Buße nicht wohl gewinnen. So verzichtet denn zum Beispiel Dochow ausdrücklich auf die

---

[1]) Vgl. Verhandlungen des Reichstags 1870 Bd. 1—2 S. 834 und 838.

[2]) Im angeführten Urheberrechtsgesetz findet sich dafür die Bezeichnung „Geldbuße".

[3]) Die Maximalgrenze ist bald auf 6000, bald auf 10000 Mark festgesetzt.

[4]) Gesetze vom 11. Juni 1870 (§ 18[4,5]), 9. Januar 1876 (§ 16), 10. Januar 1876 (§ 9), 11. Januar 1876 (§ 14), 7. April 1891 (§ 37), 1. Juni 1891 (§ 11), 12. Mai 1894 (§ 18).

Heranziehung derselben,[1]) indem er sich auf den Binding'schen Ausspruch beruft:

„Die Auslegung, wo sie nötig ist, soll sich rücksichtslos immer nur an das Gesetz selbst halten und dessen Inhalt zu erschließen suchen, ganz gleichgiltig dagegen, ob derselbe mit den Instruktionen der Motive oder der Antragsteller im Reichstage oder den Urteilen der Gerichte übereinstimmt: die doppelte Gebundenheit durch die Methode exakter Forschung und durch das Gesetz ist keine unwürdige Schranke für die das geltende Recht darstellende Wissenschaft, die Abhängigkeit von anderen Faktoren erscheint mir für sie unerträglich."[2])

Auf Grund reiner Gesetzesexegese wird nun Dochow „der bestimmteste Vertreter der Ansicht, welche in der Buße nichts anderes sieht, als die im Strafverfahren erfolgende Entschädigung des Verletzten".[3])

Gerade umgekehrt verfährt etwa Flesch, welcher daraus, „daß die Buße in allen Entwürfen gleichmäßig die Natur einer Privatstrafe gehabt habe",[4]) darauf schließt, daß sie diesen ihren Fundamentalcharakter auch im Plenum bewahrt haben müsse. Das Ergebnis seiner Untersuchung ist denn auch das entgegengesetzte: „Was der Beleidigte aber erhält, ist, wie mit aller Energie betont werden muß, Strafe und nicht Ersatz".[5])

Und Wächter, welcher soviel wenigstens „unmöglich" annehmen zu können glaubt, „daß das Gesetz der Buße eine völlig andere Funktion geben wollte, als der Entwurf sie ihr gab",[6]) gelangt zu der von Herzog wiederholten Formulierung: „Die Buße des Reichsstrafgesetzbuches hat eine doppelte oder gemischte Funktion: sie ist nicht lediglich Privatstrafe, auch nicht lediglich Schadensersatz, sondern beides zugleich."[7])

---

1) Dochow, Buße S. 14, 15.

2) Binding, Die gemeinen deutschen Strafgesetzbücher S. IV.

3) Dochow in Holtzendorffs Rechtslexikon Bd. 1 unter „Buße". Derselbe in Holtzendorffs Handbuch Bd. 3 S. 374. — Derselbe, Buße S. 9. — Vgl. v. Wächter, Buße S. 34.

4) Gerichtssaal Bd. 28 S. 284.

5) a. a. O. S. 291.

6) v. Wächter, Buße S. 18.

7) v. Wächter a. a. O. S. 17. — Herzog im Gerichtssaal Bd. 27 S. 193.

Aber nicht nur die Berücksichtigung der Entwürfe, sondern noch eine Reihe anderer prinzipieller Gesichtspunkte findet sich in der Literatur gegen die reine Ersatztheorie vertreten. So erkennen etwa Oppenhoff[1]), Klebs[2]), Reber[3]), O. Wächter[4]) der großen Mehrzahl gegenüber die fortdauernde Giltigkeit der Privatstrafe an und finden demgemäß eine solche in der Buße; so glauben vorzüglich Schwarze[5]), Merkel[6]), Rubo[7]), Klostermann[8]) und in sehr bedingter Weise auch Sontag[9]) ein pönales Moment in der Ausdehnung der Buße auf ideelle Schäden erkennen zu sollen, während wiederum für Merklinghaus[10]) und Stenglein[11]) die Aufnahme der Buße in das materielle Strafrecht, für Weinrich[12]) die Durchführung des Anspruchs im Strafprozeß dafür entscheidet, daß sie einen Strafcharakter an sich trage.

Immerhin hat die reine Straftheorie im Laufe der Jahre nur sehr wenige Anhänger zu gewinnen vermocht, wogegen die Ersatztheorie mit immer wachsendem Erfolge das Feld behauptet, sodaß kürzlich Rosenfeld schreiben durfte:[13])

„Ob die Buße ein pönales Moment an sich habe, ist eine Zeitlang kontrovers gewesen. Die Streitfrage darf heute im negierenden Sinne als abgeschlossen gelten. Die Buße ist Entschädigung und nur Entschädigung, in erster Linie für materiellen, in zweiter auch für immateriellen Schaden.“

Auch kommt wenig darauf an, wenn Geyer[14]), Kronecker[15]),

---

1) Kommentar zu § 188 No. 1.

2) Goltdammers Archiv Bd. 19 S. 25.

3) Antragsdelikte Nr. 120, 122 S. 140, 141.

4) Das Autorrecht S. 248.

5) Kommentar S. 558. Sächs. Gerichtszeitung Bd. 14 S. 271, 272.

6) Lehrbuch S. 235.

7) Kommentar zu § 188 No. 6.

8) Urheberrecht S. 259.

9) Krit. Vierteljahrsschr. Bd. 17 S. 218.

10) Die Buße S. 7.

11) Gerichtssaal Bd. 24 S. 326; vgl. indes Bd. 35 S. 284.

12) Die Haftpflicht wegen Körperverletzung etc. S. 126.

13) Nebenklage S. 174.

14) Holtzendorffs Handbuch Bd. 3 S. 550.

15) Goltdammers Archiv Bd. 27 S. 101.

Buri[1]), Dambach[2]) in extremer Weise die ausschließlich zivile Natur der Buße betonen, wenn Schlayer[3]) und Stobbe[4]) auf den Gesichtspunkt der freien Bemessung einer Pauschalsumme besonders verweisen, wenn v. Liszt[5]), H. Meyer[6]), Frank[7]) und Kohler[8]), dem sich van Calker[9]) und Reinhardt[10]) anschließen, wohlberechtigten Nachdruck auf das Genugtuungsmoment legen, wenn endlich Hilse[11]) und Weinrich[12]) den Gedanken der „Zwangsabfindung" geltend machen.

Worauf es aber ankommt, ist, daß nicht bei der Fülle der Gesichtspunkte der einheitliche Grundgedanke verloren gehe, daß nicht von dem Gewirr der antwortenden Stimmen die scharfe Fassung der für die praktische Handhabung des Institutes allein entscheidenden Kernfrage übertönt werde. Darum darf die Beweisführung nicht von nebensächlichen Rücksichten ausgehen und die gewonnene Überzeugung nicht durch unstichhaltige Einwendungen von neuem erschüttert werden.

§ 11.

Ganz ohne Rest wird und kann niemals der Wortlaut der Paragraphen in die theoretische Konstruktion derselben aufgehen: Daß jedenfalls die Festlegung eines Maximalbetrages der zuzuerkennenden Buße gegen ihre reine Ersatznatur, daß die Gesamthaftung der zu einmaliger Leistung Verurteilten gegen ihre reine Strafnatur spricht, darüber wird sich niemand hinwegzutäuschen vermögen, wie er sich im übrigen zu der Un-

---

1) Beiträge zur Theorie des Strafrechts S. 94; Gerichtssaal Bd. 28 S. 311.
2) Holtzendorffs Handbuch Bd. 3 S. 1041.
3) Goltdammers Archiv Bd. 24 S. 437, 438.
4) Deutsches Privatrecht Bd. 3 S. 505.
5) Lehrbuch S. 253.
6) Lehrbuch S. 375.
7) Kommentar S. 31.
8) Patentrecht S. 651 No. 654.
9) Urheberrechtsdelikte S. 292.
10) Geldstrafe und Buße S. 21.
11) Goltdammers Archiv Bd. 36 S. 29.
12) Haftpflicht S. 130.

vererblichkeit des Antrages[1]) stellen, welche Bedeutung er den Wendungen „neben der Strafe“ — „eines weiteren Entschädigungsanspruchs“ — „statt jeder .... Entschädigung“ beimessen mag. Es gilt eine gesicherte Basis zu finden, von welcher aus unsere Materie nach der Gesamtheit ihrer Beziehungen und Funktionen einer einheitlichen, in sich geschlossenen Regelung zugänglich wird.

Denn es ist leider wahr, was von Sontag und weiterhin von John in scharfer Formulierung hervorgehoben wird:

„Das Gesetz hat in den von der Buße handelnden Paragraphen, ohne ein oberstes Prinzip aufzustellen, nur wenige allgemeine Bestimmungen gegeben, die Ergänzung der zahlreichen Lücken der Theorie und Praxis überlassend.“[2])

„Aber eine theoretisch befriedigende Auslegung der Gesetze wird immer nur unter der Voraussetzung möglich sein, daß etwas zu Ende Gedachtes von dem Gesetzgeber in das Gesetz hineingelegt worden ist. Und dies läßt sich nun wohl von denjenigen Vorschriften, welche über die Buße Bestimmungen treffen, nicht gerade behaupten.“[3])

Zwar erscheint auch wieder diese vom Gesetz beobachtete völlige Ignorierung jedes Prinzips, welche angesichts unserer Paragraphen nicht wohl zu leugnen ist, nicht in gleichmäßig ablehnender Beurteilung. Während den einen „vom theoretischen Standpunkte aus eine solche Kombination von Strafe und Schadensersatz in der Buße höchst zweifelhaft“ erscheint[4]), preisen andere „die freie Verbindung von Strafe und Ersatz als das geeignetste Sühnemittel, welches der Eigenart der Deliktsfälle in den §§ 188 und 231 angepasst werden könnte“.[5]) Und so wird die Buße von Schlayer „ein legislatives Flick-

---

[1]) Sie findet sich ausgesprochen in § 444[4] der St.P.O.

[2]) Sontag a. a. O. S. 203.

[3]) John in der Jenaer Literaturzeitung Bd. 2 S. 570; ebenso Dochow in Holtzendorffs Rechtslexikon Bd. 1 S. 445.

[4]) Sontag a. a. O. S. 206; ähnlich Dambach in Holtzendorffs Handbuch Bd. 3 S. 1041.

[5]) Merklinghaus a. a. O. S. 62; — übereinstimmend Gareis, Patentgesetz S. 263.

werk“, von Schwarze „eine Zierde des Strafgesetzbuches“ genannt.[1])

Dem entspricht denn auch eine seltsame Inkongruenz in der Beurteilung der ferneren legislativen Verwertbarkeit der Buße, und die in dieser Hinsicht gemachten Vorschläge gehen von jeher weit auseinander.

Stenglein befürwortet: „Ein revidiertes Strafgesetzbuch wird ... gut tun, das Gebiet der Buße zu erweitern und das Erkennen derselben, wenn Anlaß geboten ist, dem Strafrichter obligatorisch aufzuerlegen.“ [2]) Ähnlich plädiert neuerdings Mataja für eine ausgedehnte Anwendung dieser „sehr zeitgemäßen Erscheinung“.[3])

Dagegen ist in der verschiedensten Weise die Wiederaufhebung des ganzen Instituts durch Einkleidung des materiell gerechtfertigten Kernes in die legitime Gewandung juristisch anerkannter Formen gefordert worden.

„Mit Oppenhoff und Fuchs“ hatte Dochow die Behauptung aufgestellt, daß eine derartige Bestimmung „garnicht in das Strafgesetzbuch, sondern in die Strafprozeßordnung gehöre“, und hatte auf eine Absorption derselben durch die neue Strafprozeßordnung gehofft, deren Entwurf ihm eben vorlag.[4])

Die größte Zustimmung aber hat Kohler gefunden, als er schrieb: „Warum die Buße nur im Strafverfahren erkannt werden darf, ... läßt sich ... erklären, aber nicht rechtfertigen, da es wie ein Mißtrauensvotum gegen den Zivilrichter klingt, welcher doch auch, wenn ihm nur diese Äquivalierung des ideellen Schadens gestattet wird, vollkommen in der Lage ist, sich nach dieser Richtung hin einzuarbeiten. Daher ist diese Gestaltung des Instituts nur erst ein Schritt zur Verwirklichung des Ideals, dem weitere Schritte folgen müssen“, bis es Zeit ist, „es auf zivilrechtlichen Boden zu verpflanzen“.[5])

---

[1]) Zitiert von Reinhardt a. a. O. S. 72.

[2]) Gerichtssaal Bd. 24 S. 358.

[3]) Das Recht des Schadensersatzes vom Standpunkt der Nationalökonomie S. 194.

[4]) Dochow, Buße S. 20.

[5]) Kohler, Patentrecht S. 656 und 657.

Dennoch sind die hierin enthaltenen Widersprüche nicht so groß, als sie auf den ersten Blick erscheinen. Einen Ausgleich bietet uns v. Liszt: „Ich verkenne durchaus nicht den Fortschritt, der in der Ausdehnung der Ersatzpflicht auf Verursachung eines nicht vermögensrechtlichen Schadens gelegen ist. Aber die Umgrenzung des § 847 ist eine Halbheit und das Fortbestehen der Buße in den Strafgesetzen neben § 847 wird zu den unerträglichsten Folgen in der Rechtsprechung führen." [1])

§ 12.

Umsonst ist gegen eine solche Lösung oder vielmehr Verwicklung des Problems protestiert worden; alle Mahnungen und Warnungen waren vergebens. Jeder andere Weg hatte dem Gesetzgeber offen gestanden: Er durfte die Buße als prinzipielles Schutzmittel gegen Personalverletzungen dem Rechtssystem einfügen und mochte ihr dazu wegen des in ihr liegenden Genugtuungsmomentes und ihrer engen Beziehung zur öffentlichen Strafe des Täters im Strafrecht eine, dann aber vollgiltige, Stelle anweisen; er durfte dem Strafrichter die prinzipielle Berücksichtigung des aus einem Delikt erwachsenden Anspruchs auferlegen und den Verletzten vor sein Forum weisen; er durfte den zivilen Ersatzanspruch prinzipiell auf ideelle Schäden ausdehnen und durfte die gebührende Abschätzung derselben durch die prozessuale Maxime der freien Beweiswürdigung für gewährleistet erachten.

Aber keiner dieser Wege wurde eingeschlagen, sondern zur Regelung der Materie in jedem neuen Gesetz ein neuer Ansatz gemacht, ohne auf die vorhergehenden Bezug zu nehmen und ohne ihrerseits einen Abschluß zu bieten; und so laufen denn die einschlägigen Bestimmungen im Strafgesetzbuch [2]) und Bürgerlichen Gesetzbuch [3]), in der Strafprozeßordnung [4]) und

---

[1]) v. Liszt, Deliktsobligationen S. 67.

[2]) §§ 188, 231; daneben die betreffenden Paragraphen der strafrechtlichen Nebengesetze.

[3]) §§ 253, (823—826), 847, 1300.

[4]) §§ 443—446.

Zivilprozeßordnung[1]) nebeneinander her, ohne eine rechte Vermittelung oder Einheit zu gewähren. Hier ineinander übergreifend und dort, sei es in Hinsicht auf den Inhalt oder die Durchführung des Anspruchs, Lücken lassend, bieten sie dem Betrachter einen wahrhaft chaotischen Anblick dar. Die Umstände, welche zu solchem Resultat zusammen gewirkt haben, wollen wir aus den vorangegangenen Betrachtungen kurz rekapitulieren:

Daß das gemeinrechtliche System dem in seinen persönlichen Rechten und Beziehungen widerrechtlich Verletzten nicht die erforderliche Reparation gewährte, war eine unabweisbare Tatsache geworden. Diesem Übelstande abzuhelfen war zunächst das Strafgesetzbuch für geeignet erachtet worden; es wurde dazu ausersehen, Bestimmungen aufzunehmen, welche, ganz im Gegensatze zu der herrschenden Auffassung von der Natur der Strafe, den Delinquenten zu einer Leistung an den Verletzten anhalten sollten. Diese Fälle blieben indessen beschränkt auf die Tatbestände der Körperverletzung einerseits und — im Falle nachteiliger Folgen für die Vermögensverhältnisse, den Erwerb oder das Fortkommen des Betroffenen — der üblen Nachrede und Verleumdung andererseits.

Die folgende Revision der Prozeßgesetze gestattete nunmehr zwar die Adhäsion der persönlichen Ansprüche des Verletzten im Strafverfahren, aber wiederum nicht allgemein, sondern eben nur für diese Fälle der Buße; daneben aber wurde dem Zivilrichter durch Befreiung seiner Stellung im Beweisverfahren die Möglichkeit genügender Berücksichtigung der Interessen des Klägers verschafft.

Das Bürgerliche Gesetzbuch endlich formuliert den für sich maßgebenden Grundsatz dahin:[2])

> „Wegen eines Schadens, der nicht Vermögensschaden ist, kann Entschädigung in Geld nur in den durch das Gesetz bestimmten Fällen gefordert werden.“

Zu diesen Fällen gehört wieder die „Verletzung des Kör-

---

[1]) §§ 286 und 287.

[2]) § 253.

pers oder der Gesundheit“; ferner die „Freiheitsentziehung“;[1]) die Beleidigung dagegen nur, wenn sie sich als Gefährdung des Kredits, des Erwerbs oder des Fortkommens charakterisiert;[2]) dagegen ist die weibliche Geschlechtsehre besonders geschützt[3]) gegen verbrecherische[4]) und betrügerische[5]) Angriffe, und endlich steht der unbescholtenen Braut, welche ihrem Verlobten die Beiwohnung gestattet hat, im Falle des Verlöbnisbruches der Anspruch auf eine billige Geldentschädigung zu.[6])

Daraus ergibt sich das folgende bunte, eigentümlich geartete Bild: Die körperliche Unversehrtheit ist gegen jedweden Angriff doppelseitig geschützt, das heißt, es kann im Strafverfahren Buße oder im Zivilverfahren Ersatz eingeklagt werden. Für die an der persönlichen Freiheit erlittene Einbuße gewährt nur das bürgerliche Recht eine Genugtuung; dasselbe gilt von der geschlechtlichen Freiheit des Weibes in den soeben angedeuteten Grenzen. Die Ehre ist an und für sich an keiner Stelle für reparabel erklärt; der Ersatzanspruch setzt vielmehr einen gewissen, unten noch näher zu erörternden Rückschlag auf die allgemeine Vermögenslage voraus, ist dann aber wiederum doppelseitig durchführbar.

Ein weiteres ideales Gut findet sich um seiner selbst willen als schutzbedürftig überhaupt nicht anerkannt; „der unverschämteste Hausfriedensbruch berechtigt den Verletzten nur zum Ersatz des vermögensrechtlichen Schadens; wenn ich eines Kindes Personenstand verändere, so kümmert sich der Richter nur um etwaige finanzielle Folgen.[7])

„Eine erkannte Buße schließt die Geltendmachung eines weiteren Entschädigungsanspruches aus — so der Wortlaut der Strafgesetze; „entsprechende Wirkung auf die Buße ist der

---

[1]) § 847.

[2]) § 824; hierdurch wird gleichzeitig die Ersatzpflicht inhaltlich umgrenzt; davon später mehr.

[3]) § 847² B.G.B.

[4]) Der sachliche Umfang ist aus dem St.G.B. Tl. II Abschn. 13 zu entnehmen.

[5]) Es wird auf § 825 B.G.B. Bezug genommen.

[6]) § 1300 B. G. B.

[7]) v. Liszt, Grenzgebiete S. 33 (Deliktsobligationen S. 67).

privatrechtlichen Entschädigung nicht eingeräumt".[1]) Zu einem anderen Resultat kann die rein formale Gesetzesexegese jedenfalls nicht gelangen.

Die öffentliche Strafe der bezüglichen Delikte bleibt selbstverständlich durch alle diese Bestimmungen unberührt.

§ 13.

Warum das Bürgerliche Gesetzbuch sich zu prinzipieller Stellungnahme nicht hat entschließen wollen, das haben uns die Motive erklärt und zu rechtfertigen gesucht. Und doch hätte es nur noch des offenen Eingeständnisses derjenigen Auffassung bedurft, welche tatsächlich aus allen Einzelnormen — nur eben in lückenhafter, immer wieder eingeschränkter und bedingter Weise — herausklingt. Ein flüchtiger Überblick über die in Betracht kommenden Paragraphen ist zum vollen Verständnis der Stellung der Buße dem zivilen Ersatz gegenüber unentbehrlich.

Das Bürgerliche Gesetzbuch hat den römisch-gemeinrechtlichen Standpunkt durch Statuierung eines zivilen Schutzes gewisser immaterieller Güter im § 847 tatsächlich aufgegeben. — Es hat der zu diesem Zweck gewährten Klage einen höchstpersönlichen Charakter verliehen durch die Bestimmung:

> „Der Anspruch ist nicht übertragbar und geht nicht auf die Erben über; es sei denn, daß er durch Vertrag anerkannt oder rechtshängig geworden ist."[2])

Es genügt hier allerdings die Rechtshängigkeit, während § 444[4] der Strafprozeßordnung sagt:

> „Der Anspruch auf Buße kann von den Erben des Verletzten nicht erhoben oder fortgesetzt werden."

Es ist diese Unvererblichkeit einer obligatorischen Klage wohl ein legislatives Novum, aber der Neuerung, die in der Berücksichtigung ideellen Schadens überhaupt liegt, durchaus entsprechend. Der Ersatz soll eben den Charakter der Genug-

---

[1]) v. Liszt a. a. O. Vgl. dazu unten S. 449 (41).

[2]) § 847 Abs. 1 Satz 2; § 1300 Abs. 2.

tuung tragen und kann diese Wirkung nur dem Betroffenen selber gegenüber haben. In den Händen der Erben würde er sich geradezu als eine ungerechtfertigte Bereicherung ausmachen.

Das Gesetzbuch hat weiter die Solidarhaftung mehrerer an einer Verletzung Beteiligter eingeführt mit der Erweiterung, daß bei nicht feststellbarer Beteiligung an der Schadensstiftung die Präsumption für diese statt hat.[1] Es kann sich also auch im Zivilverfahren der Geschädigte an jeden beliebigen Mittäter bezüglich des ganzen Anspruches halten, wie die gleiche Befugnis dem Bußeberechtigten im Strafverfahren — für den Fall der Körperverletzung[2] — zusteht.

Endlich hat das Bürgerliche Gesetzbuch das Moment der Verschuldung als prinzipielles Erfordernis der zivilen Haftung anerkannt[3] und somit in gewisser Weise wenigstens Stellung genommen zu jener anderen großen Kontroverse in der modernen Doktrin.

Ihering bezeichnet es als eins der unvergänglichsten Verdienste der römischen Jurisprudenz, den Gedanken der Schuld durch das ganze Zivilrecht durchgeführt zu haben[4]; berühmt geworden ist das von ihm geprägte Schlagwort: „Nicht der Schaden verpflichtet zum Schadensersatz, sondern die Schuld.“[5]

Weiter aber beweist Ihering, daß im römischen Recht das Maß der Schuld das Maß der Haftbarkeit bestimmte, daß also der dolose Rechtsverletzer strenger haftete, als wer kulpos, wer bona fide in eines Anderen Rechte eingriff.[6] „Wie glänzend hebt sich diese Idee ab von jener, ich kann nicht anders sagen, rohen Ansicht, welche mit dem bloßen Gesichtspunkte des Kausalnexus die Sache zu erledigen glaubt.“[7]

So war es im alten deutschen Recht, von dem Wilda

---

1) §§ 830, 840 B.G.B.

2) Nicht der Beleidigung; der Abs. 3 fehlt dem § 188. Vgl. darüber S. 54.

3) § 823 B. G. B.

4) Schuldmoment S. 20 a. a. O. (176 der vermischten Schriften).

5) S. 40 a. a. O. (199).

6) S. 56 a. a. O. (217).

7) S. 57 a. a. O. (217, 218).

schreibt: „Es galt als Regel, daß man jeden Schaden ersetzen mußte, dessen, wenn auch unschuldige, Veranlassung man geworden war. Der also hatte die Last des Geschickes zu tragen, der gleichsam das willenlose Werkzeug in der unsichtbar lenkenden Hand gewesen, nicht derjenige, welcher dadurch eigentlich betroffen schien.“ [1])

So berührt es seltsam, wenn Gierke es in abfälligster Weise kritisiert, daß der Entwurf den römischen Standpunkt eingenommen hatte: „Vor allem verdirbt . . . der . . . Grundgedanke des Entwurfs, daß alle nicht etwa vertraglich begründete Schadensersatzpflicht lediglich aus Verschulden fließen kann.“ [2]) Indessen seine Bedenken liegen tief; er sagt weiter: [3])

„Alle Bestimmungen unserer Gesetzbücher, in denen eine Schadensersatzpflicht aus bloßer Verursachung oder aus Haftung für fremdes Verschulden zum Durchbruch gekommen ist, sind weggefegt. Daß umgekehrt ein Gesetzbuch, welches seiner sozialen und wirtschaftlichen Aufgabe gerecht werden wollte, heute solche Gedanken in noch viel weiterem Umfange aufnehmen und ausbauen müßte, bleibt dem Entwurf verborgen. Er hat so wenig Fühlung mit der Lebensbewegung unserer Zeit, daß ihn nicht einmal eine Ahnung davon beschleicht, wie allgemein die Überzeugung von der Unhaltbarkeit des reinen Deliktsstandpunkts für eine moderne Schadensersatzordnung und das Verlangen nach einer an altnationales Recht wieder anknüpfenden Reformgesetzgebung verbreitet ist.“

Für das Interesse, das gerade jetzt diesem Problem entgegengebracht wird, ist das ungeheure Anwachsen der es behandelnden Literatur allein schon ein untrügliches Zeichen. [4])

---

[1]) Wilda, Strafrecht der Germanen S. 552.

[2]) Gierke, Entwurf S. 247.

[3]) Ebenda S. 249.

[4]) Es mögen genannt werden: Degenkolb (Der spezifische Inhalt des Schadensersatzes), Rudolf Merkel (Die Kollision rechtmäßiger Interessen), Josef Unger (Handeln auf eigne Gefahr), Erich Jung (Delikt und Schadenszurechnung), Gustav Rümelin (Kulpahaftung und Kausalhaftung), Max Rümelin (Die Verwendung der Kausalbegriffe; derselbe, Die Gründe der Schadenszurechnung), Karl Linkelmann (Die Schadensersatzpflicht aus unerlaubten Handlungen), Emil Steinbach (Die Grundsätze . . . über den Ersatz von Vermögens-

Wir haben hier einen Antagonismus aufgedeckt zwischen den ethischen und sozialen Anforderungen unserer Zeit, dem gegenüber die Rechtswissenschaft des 20. Säkulums wird endgiltig Stellung zu nehmen haben. Sich hier prima facie für die eine oder die andere Partei erklären zu wollen, hieße die Tragweite des Problems verkennen. Man wird geneigt sein, Jung recht zu geben, wenn er sagt:

„Es handelt sich nicht darum, zwischen Verschuldungsprinzip und Verursachungsprinzip zu wählen; kein geltendes Recht kann seine Schadensersatzpflicht auf die Veranlassung das Schadens abstellen; . . . und ebenso kann kein geltendes Recht bei der Statuierung der Schadensersatzpflicht mit dem Delikt allein auskommen.“ [1])

Diese Auffassung vertritt auch das bürgerliche Gesetzbuch, welches zwar den Standpunkt des Entwurfs nicht aufgegeben, jedoch in mannigfachster Weise modifiziert hat. Im allgemeinen wird gehaftet für Vorsatz und Fahrläßigkeit[2]); Vorsatz wird gefordert beim Verstoß gegen die guten Sitten[3]); die Kulpakompensation statuiert § 254[4]). Im § 829 tritt das Verschuldungsprinzip zurück zu Gunsten des Ausgleichsprinzips, und die §§ 831 ff. enthalten zahlreiche Durchbrechungen desselben zu Gunsten der Haftung für Zufall oder das Verschulden Dritter. Endlich ist eine Gradation der Haftung, ein Gleichgewicht zwischen Schuld und Ersatzleistung nicht vorgesehen, und es gilt der Grundsatz: versanti in re illicita imputantur omnia quae nascuntur ex delicto, sodaß also Schuldhaftigkeit der Körperbewegung mit kausaler Beziehung zum Erfolge die Haftpflicht auslöst.[5])

---

schäden); Paul Örtmann (Das Recht des Schadensersatzes im B.G.B., derselbe, Der Schadensersatzanspruch des obligatorisch Berechtigten); vor allen aber Mataja (in der früher zitierten Schrift).

[1]) Jung a. a. O. S. 4—5.

[2]) § 823 B.G.B.

[3]) § 826 B.G.B.

[4]) Die Bestimmung ist wohl durch ein Redaktionsversehen an diese Stelle geraten; da sie die Voraussetzung, nicht den Inhalt der Ersatzpflicht betrifft, gehörte sie an die Stelle des § 846, der deshalb auf § 254 verweist.

[5]) Das spricht § 848 sehr deutlich aus.

§ 14.

Die Lücke, die es auszufüllen gegolten, hatte sich auf dem Grenzgebiete des Zivil- und Strafrechts bemerkbar gemacht. So war man von beiden Seiten daran gegangen, den sich wandelnden Anschauungen entsprechend die bestehenden Institute umzumodeln. Es erklärt sich daraus ebensowohl die sachliche Konkurrenz der bezüglichen Normen des Zivil- und Strafgesetzbuchs, wie auch die Assimilierung ihrer theoretischen Konstruktion.

Falsch ist es indessen, die beiden ihrer historischen Genese wie ihrer systematischen Stellung nach so verschiedenartigen Ansprüche als sich ihren Funktionen nach völlig deckend zu erachten. Als ratio des Instituts hat sich uns die dem Verletzten bislang fehlende Möglichkeit der Verschaffung einer Genugtuung für ideelle Schäden ergeben, und so haben wir als oberstes Prinzip festzuhalten, daß sich die Buße inhaltlich über die durch den zivilen Ersatz gedeckten Tatbestände hinaus auch auf solchen Schaden erstreckt, der nicht Vermögensschaden ist.[1]).

Daß das Bürgerliche Gesetzbuch den Ersatzanspruch der Buße fast gleichartig gestaltet hat, mag tatsächlich die Folge haben, daß beide Ansprüche inhaltlich übereinstimmen können; vor dem 1. Januar 1900 war dies aber nicht der Fall, und die veränderte Stellung des Zivilrichters hat angesichts der prinzipiellen Beibehaltung des Instituts der Buße auf die Stellung des Strafrichters in dieser Beziehung jedenfalls keinen Einfluß auszuüben vermocht. Daraus erklärt es sich, daß nach dem Gesetz zwar eine erkannte Buße die Geltendmachung eines weiteren Entschädigungsanspruchs ausschließt, während eine analoge Konsumption des Bußanspruchs durch eine erkannte Zivilentschädigung nicht vorgeschrieben ist.[2])

---

[1]) So Olshausen zu § 188 Nr. 2; — Petsch a. a. O. S. 31; — Mandry, Zivilrechtl. Inhalt der Reichsgesetze S. 498fg.; dagegen Dochow, Buße S. 37. — Vgl. im übrigen die Vertreter der Genugtuungstheorie oben § 10.

[2]) Die Widerlegung dieser Argumentation bei Kohler (S. 665) und Petsch (S. 45 gegen Rubo) ist nicht überzeugend. Aber auch Rubo ist nicht voll beizustimmen. Falsch auch v. Weinrich S. 131.

Gewiß soll diese letztere gegebenenfalls vom Strafrichter bei der Bemessung der Bußsumme mit in Anschlag gebracht werden,[1]) wie er anderenfalls zweifellos gehalten ist, den vom Verletzten erlittenen Vermögensschaden, soweit er ihn übersehen kann, entsprechend zu berücksichtigen.[2]) Jedoch formelle Verpflichtungen dieser Art zu statuiren, erscheint allein um deswillen nicht angängig, weil ja doch die Festsetzung des Betrages sowohl wie der Zuspruch der Buße überhaupt in das freie Ermessen des Gerichts gestellt ist.[3])

Die richtige Auffassung findet sich im Kommentar von Rüdorff-Stenglein vertreten:[4]) „Die zivilrechtlichen Grundsätze und Voraussetzungen des Schadensersatzes binden den Strafrichter bei Abmessung der Buße in keiner Weise und können demselben nur als eine Art von Information dienen."

Ausdrücklich möchte ich darauf hinweisen, daß die häufig begegnende Wendung „statt jeder aus diesem Gesetze entspringenden Entschädigung . . . ." nicht als materielle, sondern als formelle Voraussetzung aufgefaßt werden muß.[5]) Nicht „soweit" ein Ersatzanspruch berechtigt wäre, soll auch die Form der Buße gewählt werden können, sondern „sobald" eine Verletzung des bezüglichen Rechts vorliegt, welche einen nach bürgerlichem Recht ersatzpflichtig machenden Schaden im Zivilverfahren einzuklagen gestattet, darf an dessen Stelle das Bußverfahren anhängig gemacht werden. Diese subtile Unterscheidung ist von Bedeutung für die Beurteilung der Reziprozität der beiderseitigen Erkenntnisse, sowie der Statthaftigkeit zivilrechtlicher Einreden im Strafverfahren.[6])

Größere Bedenken erweckt die im § 188 sich findende Voraussetzung, wonach „die Beleidigung nachteilige Folgen für

---

[1]) So richtig Olshausen a. a. O. Nr. 10. Rechtsprechung des R.G. Bd. 5 S. 734.

[2]) Flesch a. a. O. S. 290. — Petsch a. a. O. S. 23. — Dochow in Holtzendorffs Handb. Bd. 3 S. 377. — Strauß a. a. O. S. 38.

[3]) Vgl. darüber unten § 15.

[4]) Zu § 188 Nr. 3.

[5]) Das verkennt offenbar Rosenfeld a. a. O. S. 168.

[6]) Auf die unhaltbaren Ergebnisse bei Rosenfeld a. a. O. S. 180, 184, 185 komme ich im § 17 noch ausführlich zu sprechen.

die Vermögensverhältnisse, den Erwerb oder das Fortkommen des Beleidigten“ mit sich bringen muß. Inwieweit hierdurch die Berechtigung zu einer Bußeforderung doch wieder an die Existenz eines Vermögensschadens geknüpft werden sollte, ist von jeher in der Literatur bestritten[1]) und vom Reichsgericht ausdrücklich unentschieden gelassen worden.[2]) Die Frage hat aber neuerdings eine abermalige Verwickelung erfahren durch die Herübernahme derselben Redewendung in den § 824 des Bürgerlichen Gesetzbuches.

Denn da der § 253 ausdrücklich vorschreibt, daß nur dann nicht-vermögensrechtlicher Schaden berücksichtigt werden soll, wenn das Gesetz dieses besonders verlangt, so muß daraus, daß das im § 824 (im Gegensatz etwa zu § 847) nicht geschieht, darauf geschlossen werden, daß eine prinzipielle Ausdehnung auf ideellen Schaden bei der Ehrverletzung nicht vorgesehen ist. Und da man sich nicht wird entschließen können, dieselben Ausdrücke in den beiden Gesetzen entgegengesetzt zu interpretieren, so wird man für den § 188 des Strafgesetzbuches zu demselben Resultat gelangen.

Auf der anderen Seite enthält aber diese Formulierung an sich schon eine Erweiterung des Begriffs „Vermögensschaden“, sodaß man urteilen könnte, es sei die Haftpflicht bei Körperverletzungen generell, bei Ehrverletzungen speziell auf ideelle Schäden ausgedehnt worden. Eine solche „beschränkte Erweiterung“ der gemeinrechtlichen Ersatzpflicht muß also auch für den § 188 prätendiert, insbesondere von dem Nachweise eines bereits eingetretenen Vermögensschadens abgesehen werden.[3])

---

[1]) Vgl. Olshausen a. a. O. Nr. 2, 15. — Oppenhoff a. a. O. Nr. 17. — Petsch a. a. O. S. 17. — v. Schwarze im Gerichtssaal Bd. 26 S. 478. — Dochow a. a. O. S. 27.

[2]) Entsch. des R.G. Bd. 15 Nr. 108.

[3]) Dass es des Nachweises und des bereits erfolgten Eintritts nicht bedarf, wird ziemlich allgemein zugegeben. Vgl. besonders Sontag a. a. O. S. 218. — Rosenfeld a. a. O. S. 181 fg.

§ 15.

Die übrigen vom Gesetzgeber selbst getroffenen Einzelbestimmungen sind für alle einschlägigen Paragraphen die gleichen[1]) und bieten keine besonderen Schwierigkeiten.

„Auf Verlangen des Verletzten": zur Durchführung des Anspruchs im Wege der Privatklage bezw. Nebenklage ist die strafprozessuale Handlungsfähigkeit erforderlich;[2]) im übrigen regeln die §§ 443 bis 446 der Strafprozeßordnung die Einzelheiten des Verfahrens.

„Neben der Strafe": die Zuerkennung einer Buße ist also ausgeschlossen im Falle der Freisprechung des Angeklagten.

Die Buße ist an den Verletzten zu erlegen; bei Verletzung mehrerer durch dieselbe Handlung kann jeder die Buße fordern.[3])

Auf Buße „kann" erkannt werden. Angesichts dieser Fassung kann von einer Verpflichtung des Richters in keinem Falle die Rede sein.[4]) An sich sollte freilich das „pflichtgemäße Ermessen des Gerichts" obwalten;[5]) aber auch eine aus reiner Willkür erfolgte Ablehnung ist um deswillen nicht anfechtbar; nur bei rechtsirrtümlicher Begründung der auf den Bußeantrag ergangenen Entscheidung hat Revision statt.[6])

Es kann eben deshalb auch in solcher Ablehnung keine für den Zivilrichter bindende „Aberkennung" der Ersatz-

---

[1]) Über die im § 188 fehlende Bestimmung der Solidarhaft vgl. § 18.

[2]) Gemäß § 414 St. P. O.; ebenso Oppenhoff zu § 188 Nr. 5; Olshausen a. a. O. Nr. 4.

[3]) „So die gem. Mein.": Olshausen a. a. O. Nr. 3. — Oppenhoff a. a. O. Nr. 4.

[4]) Übereinstimmend Rubo zu § 188 Nr. 2. — v. Buri, Beiträge S. 95. — Dochow, Buße S. 39. — Kohler, Lehrbuch S. 643, Handbuch S. 578. — Sontag a. a. O. S. 215. — Dagegen Rosenfeld a. a. O. S. 177, 196—197. — Vgl. darüber jetzt auch Rücker a. a. O. S. 9.

[5]) Oppenhoff a. a. O. Nr. 3. — Olshausen a. a. O. Nr. 7. — Petsch a. a. O. S. 23.

[6]) Hiermit stehen auch die von Rosenfeld für sich in Anspruch genommenen Reichsgerichtsentscheidungen nicht im Widerspruch. Vgl. das. Bd. 6 S. 400; Bd. 7 S. 16; sogar Bd. 17 S. 190: „Dieser Ablehnungsgrund ist aber nicht haltbar." Über die Zulässigkeit der Revision vgl. unten § 17.

berechtigung gefunden werden. „Der Strafrichter hat die Buße gar nicht abzuerkennen; er kann in dem Urteile eine Buße nur zuerkennen oder den Beschädigten an das Zivilgericht verweisen.“[1]) Der mit der Bußeforderung abgewiesene Kläger kann also nunmehr die Zivilklage anstellen.[2])

Ebensowenig vermag nun aber auch die Abweisung der Zivilklage dem Strafurteil zu präjudizieren.[3]) Dies schon deshalb nicht, weil ja, wie wir oben festgestellt haben, die Buße prinzipiell einen über den zivilen Ersatz hinausgehenden Schutz gewähren soll.

Daß aus demselben Grunde die Zuerkennung einer Entschädigung im Zivilverfahren den Strafrichter nicht bindet, ist gleichfalls bereits erörtert worden.

„Auf einen höheren Betrag der Buße als den beantragten darf nicht erkannt werden“[4]); unbedenklich dagegen auf einen geringeren.[5]) Außerdem ist eine Maximalgrenze von 6000 bezw. 10 000 Mark gesetzlich festgelegt worden.

Die Anwendungsfälle der Buße sind:[6])

1. Die Ehrverletzung in den Spezialfällen der sogenannten üblen Nachrede und Verleumdung (§§ 186, 187 St.G.B.). Hier ist also der Geltungsbereich eng und scharf abgegrenzt.

2. Die Körperverletzung in allen Fällen. Entscheidend ist, daß „Körperverletzung“ Tatbestandsmerkmal des Delikts sei, wegen dessen auf Strafe erkannt wird. Es scheiden also diejenigen Fälle des 17. Abschnitts aus, in denen die Strafe nicht

---

[1]) Dochow a. a. O. S. 17. — Petsch a. a. O. S. 22, 23.

[2]) So richtig Dochow a. a. O. S. 40. — Petsch a. a. O. S. 46. — Rosenfeld a. a. O. S. 196.

[3]) Falsch: Rosenfeld a. a. O. S. 185, 196; Kohler a. a. O. S. 666; Weinrich a. a. O. S. 131; Petsch a. a. O. S. 46. — Richtig: Wächter a. a. O. S. 71.

[4]) § 445[2] St.P.O.

[5]) Olshausen a. a. O. Nr. 8. — Dochow a. a. O. S. 11, 39. — Petsch a. a. O. S. 22. — Entscheidungen des R.G. Bd. 30 S. 367.

[6]) Vgl. darüber die bis ins einzelne gehende Darstellung bei Rücker, Die Buße § 5.

wegen Körperverletzung ergeht, und es müssen einbezogen werden die Fälle der Idealkonkurrenz mit Körperverletzungen.[1])

3. Die Verletzungen des unter strafrechtlichem Sonderschutz stehenden geistigen Eigentums, soweit sie nach den gesetzlichen Bestimmungen auch zum Ersatz verpflichten würden, an dessen Stelle die Buße zu treten hat.[2])

4. Der unlautere Wettbewerb nach Maßgabe des Gesetzes vom 27. Mai 1896.

§ 16.

Damit ist die aus dem Gesetze selbst für die Beurteilung des Instituts zu gewinnende Ausbeute erschöpft; zu weitergehenden Feststellungen bietet der Wortlaut der Paragraphen keinen genügenden Anhaltspunkt. Insbesondere ist es verfehlt, die Wendung: „neben der Strafe" als Beweismittel für die Ersatznatur der Buße zu verwerten; der Argumentation: was neben der Strafe erkannt werde, könne nicht selbst Strafe sein,[3]) läßt sich die umgekehrte mit gleichem Recht gegenüberstellen: was neben der (öffentlichen) Strafe erkannt wird, ist gerade deshalb eine (private) „Neben"-Strafe.[4])

Ebensowenig kann aus der tatsächlich stattgehabten Verwendung des Instituts in einem Landesstrafgesetz, dem Forstgesetz für Elsaß-Lothringen vom 9. Juli 1888 § 75, geschlossen werden, daß die Buße nicht Strafe sei, da sie im § 5 des Einführungsgesetzes zum Strafgesetzbuche sich nicht mit aufgeführt finde und somit die Landesgesetzgebung zu ihrer Androhung nicht berechtigt sei. Denn, abgesehen davon, daß in dieser vereinzelten Anwendung sehr wohl ein Rechtsirrtum konstatiert werden könnte, ist doch soviel klar: ist die Buße Strafe, so ist sie Geldstrafe.[5])

---

[1]) Dies im Anschluss an Frank a. a. O. S. 279, 288. — Vgl. dazu Rosenfeld a. a. O. S. 166; Reinhardt a. a. O. S. 32 fg. — v. Wächter a. a. O. S. 49 fg. — v. Schwarze im Gerichtssaal Bd. 24 S. 283 fg. — Weniger im Ergebnis als im Prinzip abweichend: Entscheidungen des R.Ger. Bd. 30 Nr. 116.

[2]) Vgl. darüber oben S. 450 (42).

[3]) Vgl. etwa Reinhardt a. a. O. S. 17.

[4]) So z. B. Flesch a. a. O. S. 281; dazu Strauss a. a. O. S. 13—14.

[5]) Richtig Olshausen zu § 5 Einf. Ges. Nr. 1. And. Mein. Rosenfeld a. a. O. S. 174 (wo versehentlich § 5 Einf. Ges. z. St.P.O. zitiert wird); Rubo

Wer endlich aus der Aufnahme der Buße in das Strafgesetzbuch ihren Strafcharakter folgert, setzt voraus, was gerade am meisten bestritten wird, daß nämlich diese Stellung gerechtfertigt ist.[1])

Formale Gründe sind demnach, wie wir schon früher andeuteten, unmaßgeblich für das über das eigentliche Wesen der Buße nunmehr endgültig zu gewinnende Urteil. Wir müssen dazu vielmehr auf das prinzipielle gegenseitige Verhältnis von Strafe und Ersatz, wenn auch nur in wenigen Zügen, eingehen.

Hierbei ist das große Problem der Einteilung des Unrechts in ziviles und kriminelles und ihrer Begründung sogleich auszuschalten; das ist um so eher möglich, als es bisher nicht gelungen ist, die Verschiedenartigkeit der an eine unrechtmäßige Handlung von der Rechtsordnung geknüpften Folgen aus der Verschiedenartigkeit des Charakters der einzelnen Arten des Unrechts rationell zu erklären.

Wonach es sich also entscheidet, ob eine Rechtsverletzung Strafe oder Ersatzverbindlichkeit nach sich zieht, interessiert uns hier nicht; es handelt sich lediglich darum, bei gegebener Unrechtsfolge ihre juristische Qualifikation festzustellen.

„Und damit stehen wir an dem Kern des Unterschiedes zwischen Strafe und Ersatz: das Wesen des Schadensersatzes besteht in seiner Bestimmung zu reparieren, einen im Rechte nicht begründeten Zustand zu verdrängen durch den der Rechtsordnung gemäßen; derjenige aber, der Strafe leidet, soll und kann durch sein Leiden nicht einen widerrechtlichen Zustand aufheben: die Strafe ist bestimmungsgemäß etwas anderes als Reparation.[2])

Die Quelle der Strafe ist also ein Unwiederherstellbares im Unrecht; sie ist Rechtsminderung zur Genugtuung für dieses unwiederherstellbare Unrecht; Schadensersatz dagegen Auf-

---

zieht aus einer falschen Prämisse auch noch eine sowohl tatsächlich wie logisch falsche Konsequenz: zu § 5 Einf. Ges. Nr. 7.

[1]) Vgl. darüber oben in § 11.

[2]) Binding, Normen Bd. 1 S. 288. Vgl. dazu Liepmann, Einführung S. 190 fg.

hebung eines wiederherstellbaren dem Rechte widerstreitenden Zustandes." [1])

In diesen Sätzen hat Binding den springenden Punkt, auf den es bei der begrifflichen Scheidung von Strafe und Ersatz ankommt, zwar nicht entdeckt, aber in schärfster Weise herausgeschält und formuliert. Gleichzeitig aber macht sich auch hier wieder der Fundamentalfehler geltend, an dem Binding's Deduktionen jedesmal kranken: die einseitige Betonung des formalen Moments der Normwidrigkeit. Er selbst gesteht (auf S. 327), daß „das qualifizierte Delikt zwei Angriffsobjekte" habe, daß sich bei ihm „in der Schale des Ungehorsams eine Gutsverletzung als Kern birgt." (S. 365.) Dennoch lässt er (auf S. 311) seiner Theorie zuliebe „die Merkmale des Delikts .... in der schuldhaften Normübertretung sich erschöpfen."

Das führt ihn dann zu dem sonderbaren Resultat, daß der Ersatz, seinem Wesen nach Reparation, niemals Folge des Unrechts, als der ihrem Wesen nach irreparablen Normwidrigkeit, sein könne, während die gebührende Berücksichtigung der materiellen Seite des Unrechts, der Rechtsgüterverletzung (S. 333), deren Reparierung er selbst (S. 476 fg.) nachdrücklich fordert, ihm gezeigt haben würde, daß als Strafquelle das irreparable Moment des Unrechts, als Ersatzquelle das reparable zu erachten ist.

Was von der Störung der rechtlichen Beziehungen, die etwa ein Diebstahl hervorgerufen, übrig bleibt, nachdem der Dieb vollen Ersatz geleistet, dieses ideelle plus — oder besser gesagt minus — ist es, wogegen sich die Strafe richtet. Und auch dieses erschöpft sich nicht in dem formalen Moment der Rechtsverletzung; es ist ein ethischer, kein blos logischer Faktor. Daß dieser aber begrifflich irreparabel ist, das ist die Einsicht, für deren Gewinnung wir Binding dankbar sein müssen.

Das übersieht vor allen die Hegel'sche Schule, insoweit sie den Begriff der Vergeltung über seinen ethischen Gehalt hinaus als einen dialektischen zu fassen bestrebt ist. Dem Satze

---

[1]) Binding a. a. O. S. 290.

von der Negation des Unrechts durch die Strafe gegenüber muß auf das allerentschiedenste darauf hingewiesen werden, daß die Strafe vielmehr einen rückwirkenden Einfluß auf die Handlung, wegen der sie verhängt wird, nicht auszuüben vermag. Das erscheint als eine billige Weisheit. Dennoch beruht auf dieser Erkenntnis die Schwierigkeit der theoretischen Begründung des Strafvollzuges.

Die Präventivkraft des Strafgesetzes hat sich dem Delinquenten gegenüber als unwirksam erwiesen; die Strafsanktion vermag das begangene Delikt nicht mehr aus der Welt zu schaffen. Dazu tritt folgende Erwägung: Die Strafe ist ein Übel, bestimmt dazu, den Delinquenten in empfindlicher Weise in seiner innersten Persönlichkeit zu treffen; sie ist Rechtsgüterverletzung. Anstatt also die Störung der sozialen Ordnung aufzuheben, vermehrt sie umgekehrt das Defizit ideeller Werte um die dem Delinquenten zu teil werdende Beeinträchtigung seiner Rechte.[1])

Hiernach erscheint die Strafe auch vom kriminalpolitischen Standpunkte aus zunächst als ein Übel; sehr wahr ist daher der Satz Liepmanns: „Nur dann ist eine Strafe berechtigt, wenn sie imstande ist, ein größeres Übel zu beseitigen, als sie selbst zufügt.“[2])

Seine logische Berechtigung kann der Strafvollzug demnach nur aus der Notwendigkeit deduzieren, der Strafdrohung Nachdruck zu verleihen. Seinen ethischen Inhalt haben ihm dann weiter die besonderen Zwecke der Spezialprävention, in erster Linie die durch die Strafe zu wirkende Besserung, zu gewähren.

Eine weitere Verfolgung dieser Gedanken[3]) verbietet sich uns durch den Zweck unserer speziellen Untersuchung, für den wir das erforderliche und wissenswerte begriffliche Kriterium bereits oben festgestellt haben: Schadensersatz ist Reparation

---

[1]) Ein ähnlicher Gedankengang findet sich bei Liepmann a. a. O. S. 194 fg.

[2]) a. a. O. S. 195.

[3]) Insbesondere wäre der Merkelsche Vergeltungsbegriff zu berücksichtigen gewesen.

für Verletzung reparabler Werte; Strafe ist Reaktion gegen Verletzung irreparabler Werte.

Und da wir festgestellt haben, daß das Institut der Buße geschaffen wurde, um dem Verletzten die vorher fehlende Möglichkeit zu gewähren, sich volle Genugtuung zu verschaffen, so ergibt sich uns das Resultat, daß die Buße nicht Strafe, sondern Ersatz ist.

Die Buße ist Ersatz und nicht Strafe, weil sie in der Schutzlosigkeit des Verletzten, nicht in der Straflosigkeit des Verletzers ihren — historischen wie logischen — Grund hat.

§ 17.

Somit aber haben wir materiell zu einem Institut des Zivilrechts gestempelt, was vom Gesetzgeber formell dem Strafrecht zugeteilt worden ist; und in diesem Bezug gleicht die Buße auch in unseren Augen einem Zwittergebilde. Die Schwierigkeiten indessen, welche diese Doppelnatur für die praktische Handhabung der Materie mit sich zu bringen droht, lassen sich mit Hilfe einer einzigen Formel ohne Mühe lösen.

Wir haben festzuhalten, daß alle Fragen, welche die Geltendmachung der Bußeberechtigung betreffen, welche also vor der Zuerkennung durch den Richter auftauchen, sich nach strafrechtlichen Normen entscheiden, während die nach der Zuerkennung tatsächlich bestehende Forderung ganz und allein den Regeln des Zivilrechts unterfällt.

Zunächst ist antragsberechtigt, wer nach § 65 des Strafgesetzbuches zum Antrage auf Bestrafung berechtigt ist; die zivilrechtliche Dispositionsfähigkeit ist ohne jeden Belang.[1])

Es können fernerhin zivilrechtliche Einreden dem Verlangen gegenüber nicht geltend gemacht werden.[2]) Wir müssen den diesbezüglichen Ausführungen Rosenfelds in jedem Punkte

[1]) And. Mein. vor allen Oppenhoff a. a. O. Nr. 5. Vgl. dazu Rubo zu § 188 Nr. 5.

[2]) So das Reichsgericht, Rechtsprechung Bd. 1 S. 57; Bd. 10 S. 293.

widersprechen.[1]) Es ist nicht richtig, „daß dem Bußeverlangen die Einrede der völligen oder teilweisen Zahlung, eines Vergleiches oder Verzichtes, der Deckung des Schadens auf anderem Wege u. s. w. entgegengehalten werden kann". Dem Strafrichter steht es sehr wohl zu, „eine Buße da zu gewähren, wo der Berechtigte über seine Ersatzansprüche bereits in anderer Weise rechtsgiltig verfügt", etwa „eine andere Leistung an Erfüllungsstatt angenommen, seine Ansprüche an einen Zessionar verkauft, einen Dritten an Stelle des Schädigers als Schuldner vertragsmäßig angenommen, einen Erlaßvertrag abgeschlossen hat". Niemals „kann der Täter mit einer Gegenforderung aufrechnen". Der Bußbeklagte darf also nicht „jede ihm nach bürgerlichem Rechte zustehende Einwendung gegen das Bußeverlangen geltend machen", „insbesondere" nicht „die Einreden der Verjährung und die exceptio rei judicatae". Vor allem aber wird nicht „vorausgesetzt, daß ohnehin, auch wenn man nicht den Weg der Buße eingeschlagen hätte, der gleiche Schadensersatz zu erlangen gewesen wäre".[2])

Und zwar wird mit diesen Entscheidungen nicht etwa unserer Formel zuliebe den praktischen Forderungen Gewalt angetan; vielmehr bewährt sich jene gerade in diesen ihren Konsequenzen durchaus als der ratio legis entsprechend. Waren ja doch die beiden Aufgaben, welche die Buße zu erfüllen berufen war: Vereinfachung des Verfahrens und Ausdehnung des Umfangs bei der Schadensklage. Beide Leistungen werden aber völlig illusorisch, wenn man hinterdrein den Strafrichter verpflichtet, alle aus dem zweiten Buche des bürgerlichen Gesetzbuches herzuleitenden Einreden zu würdigen, und wenn man gar eine berechtigte Einwendung in der Erklärung erblickt, daß der Zivilrichter den gegebenen Tatbestand zur Begründung einer Ersatzverbindlichkeit nicht für geeignet zu erachten haben würde.

Und nicht dem Geiste der Buße allein würde solche Auslegung des gesetzgeberischen Willens widerstreiten, sondern in

---

[1]) Vgl. daselbst die S. 184 und 185.

[2]) Ebenda S. 180.

gleichem Maße dem des Strafprozesses, als dessen oberstes Gesetz wir doch auch für diese Spezialfälle der Privatklage und Nebenklage das Offizialprinzip anzuerkennen haben. Ihm hat sich aber auch das Bußeverlangen anzupassen.

Dem entspricht es, daß die Niederschlagung des Verfahrens die Unmöglichkeit der Geltendmachung des Anspruches zur Folge hat;[1]) und weiterhin ist dem strafrichterlichen Urteile konstitutive, nicht, wie dem Zivilurteile, deklaratorische Natur beizumessen;[2]) gegen dasselbe dürfen, auch wenn es sich nur um die Buße handelt, die Rechtsmittel des Strafprozesses eingelegt werden, soweit sie nämlich dem Erkenntnisse gegenüber als begründet zu erachten sind;[3]) und endlich wird durch die Verjährung des Verbrechens auch die Verfolgung des Bußanspruchs unmöglich.[4])

Der Anspruch auf Buße ist aktiv — ausweislich des § 444[4] St.P.O. — und passiv — weil er die Bestrafung voraussetzt — unvererblich. Alles dies kann keinem Bedenken unterliegen. Zweifelhaft könnten nur die von Doktrin und Praxis übereinstimmend vertretenen Auffassungen erscheinen, wonach einmal auf Buße auch erkannt werden darf, wenn die Strafe des bezüglichen Delikts bei Konkurrenz als die mildere in Wegfall gekommen[5]) und wonach ferner eine in zweiter Instanz zu der ursprünglichen Strafe neu hinzuerkannte Buße nicht als Strafschärfung erscheint[6]) — insofern hier schon in den Strafprozeß zivilistische Gedanken hineinzuspielen scheinen.

Indessen, der Träger derselben ist in beiden Fällen die nach ihrer inhaltlichen Funktion als Entschädigung aufgefaßte

---

[1]) v. Liszt, Lehrbuch S. 254. — H. Meyer, Lehrbuch S. 377.

[2]) Kohler, Lehrbuch Nr. 651 S. 643, Handbuch § 227 S. 579. — v. Schwarze zu § 188 Nr. 7.

[3]) Über die Begrenzung der Revisionsmöglichkeit vgl. § 15.

[4]) v. Liszt a. a. O. — H. Meyer a. a. O.

[5]) v. Liszt a. a. O. S. 253, 254. — Oppenhoff a. a. O. Nr. 20. — Rüdorff-Stenglein a. a. O. Nr. 9. — Olshausen a. a. O. Nr. 11. — Entsch. des R.G. Bd. 12 Nr. 70.

[6]) Kohler Lehrbuch Nr. 656 S. 655. — Rosenfeld a. a. O. S. 199. — Geyer in Holtzendorffs Handbuch Bd. 4 S. 378; Entsch. des R.G. Bd. 15 Nr. 131.

Bußesumme selber, sodaß auch von unserem Standpunkt aus die Rechtslogik im Sinne der herrschenden Ansicht entscheidet.

§ 18.

Und so hätten wir schließlich noch die zuerkannte Forderung zu betrachten, welche sich als eine reine zivilrechtliche Obligation darstellt.[1]) Sie ist also nunmehr aktiv sowohl wie passiv vererblich und zessibel; es kann gegen sie aufgerechnet und auf sie verzichtet werden.

Die Buße ist jedoch naturgemäß mit der Rechtskraft des Urteils ohne weiteres vollstreckbar. „Die Vollstreckung . . . . erfolgt nach den Vorschriften über die Vollstreckung der Urteile der Zivilgerichte.“[2]) Es bedarf nicht der Erwähnung, daß „von einer Umwandlung in stellvertretende Freiheitsstrafe keine Rede sein kann“.[3])

Der einmal erworbene Anspruch wird durch Begnadigung des Delinquenten nicht berührt,[4]) während er allerdings im Falle einer in höherer Instanz ergehenden Freisprechung in Fortfall kommt.[5])

Hatten wir die Klagverjährung nach den Normen des Strafrechts beurteilt, so unterfällt die Vollstreckungsverjährung denen des Zivilrechts.[6])

Die Bußeforderungen dürfen im Konkurse geltend gemacht werden und unterfallen nicht der Ausnahmebestimmung des § 63[3] der Konkursordnung; denn sie sind keine „Geldstrafen“.[7])

Aus ihrer Ersatznatur ergibt sich endlich, daß eine mehreren

---

1) Kohler a. a. O. Nr. 652 S. 645. — Reinhardt a. a. O. S. 57.

2) § 495 St. P. O.

3) Kohler a. a. O. — Oppenhoff a. a. O. Nr. 22.

4) v. Liszt a. a. O. S. 254. — H. Meyer a. a. O. S. 377. — Oppenhoff a. a. O. Nr. 27; — abweichend natürlich Rubo a. a. O. Nr. 9.

5) Oppenhoff a. a. O. Nr. 25.

6) Oppenhoff zu § 70 Nr. 2. — Olshausen zu § 70 Nr. 6. — Kohler a. a. O. Nr. 166. — Dochow in Holtzendorffs Handbuch Bd. 3 S. 371; indessen vermißt man überall die scharfe Formulierung des Gegensatzes. Richtig: v. Liszt a. a. O. S. 254. — H. Meyer a. a. O. S. 377. — Falsch: Rubo zu § 70 Nr. 2.

7) So die gem. Meinung; vgl. etwa Kleinfeller, Kommentar S. 332.

Verurteilten auferlegte Bußesumme dem Verletzten nur einmal zugehen darf; Kumulation tritt nur in dem Falle ein, daß ein jeder durch eine selbständige Handlung einen besonderen Schaden gestiftet hat.[1])

Daß für die erkannte Buße mehrere zu derselben Verurteilte als Gesamtschuldner haften, bestimmt das Gesetz mit Ausnahme des § 188 jedesmal ausdrücklich. Nachdem indessen, wie wir gesehen haben, das Bürgerliche Gesetzbuch in den §§ 830, 840 die deliktische Haftpflicht mehrerer grundsätzlich zu einer Solidarhaftung gestempelt hat, ist das Fehlen jener Klausel im § 188 ebenso belanglos, wie die Aufnahme derselben in die sonstigen Bußeparagraphen; die Bestimmungen des bürgerlichen Rechts finden unmittelbar Anwendung.[2])

Mit Hilfe unserer Formel sind wir also in der Lage, alle Zweifelsfragen, welche uns bei der praktischen Handhabung des Instituts der Buße aufstoßen könnten, in befriedigender und von Theorie und Praxis gleichmäßig anerkannter Weise zu lösen. Mag sie denn ihre Schuldigkeit tun, bis einst in späteren Gesetzeswerken die volle Abklärung der Rechtsgedanken zum Niederschlag gelangen und wiederum die reine Harmonie zwischen den einzelnen Gliedern unserer Wissenschaft zum Ausdruck kommen wird!

---

[1]) Vgl. darüber Rosenfeld a. a. O. S. 182, 184. Kohler a. a. O. Nr. 661. — Petsch a. a. O. § 10. — Entscheid. des R.G. Bd. 5 Nr. 85.

[2]) Olshausen zu § 188 Nr. 9.

Literaturverzeichnis.

Quellen.

1. Code Napoléon.
2. Allgemeines Landrecht für die preußischen Staaten.
3. Österreichisches bürgerliches Gesetzbuch.
4. Sächsisches bürgerliches Gesetzbuch.
5. Bürgerliches Gesetzbuch für das Deutsche Reich.
   Dazu: die gesamten Materialien.
   Zusammenstellung der gutachtlichen Äußerungen zu dem Entwurfe eines Bürgerlichen Gesetzbuches Bd. 2; Berlin 1890;
   Zum Entwurf eines deutschen Bürgerlichen Gesetzbuches; Freiburg i. B. 1888.
6. Schweizer Bundesgesetz betreffend das Obligationenrecht.
7. Reichshandelsgesetzbuch.
8. Strafgesetzbuch für die preußischen Staaten.
   Dazu: die gesamten Materialien.
9. Strafgesetzbuch für das Deutsche Reich.
   Dazu: die gesamten Materialien.
   Verhandlungen des Reichstags 1870.
10. Strafrechtliche Nebengesetze des Deutschen Reichs.
11. Strafprozeßordnung für das Deutsche Reich.
   Dazu: die gesamten Materialien.
   Verhandlungen des Reichstags 1875.
12. Civilprozeßordnung für das Deutsche Reich.
13. Reichskonkursordnung.
14. Entscheidungen des Reichsgerichts in Zivilsachen.
15. Entscheidungen des Reichsgerichts in Strafsachen.
16. Rechtsprechung des Reichsgerichts in Strafsachen.
17. Verhandlungen des 6. deutschen Juristentags.

Lehr- und Handbücher.

18. Arndts, Lehrbuch der Pandekten, 13. Aufl. Stuttgart 1886.
19. v. Bar, Civilprozeß (in v. Holtzendorff's Encyklopädie der Rechtswissenschaft), 5. Aufl. Leipzig 1890.
20. Berner, Lehrbuch des deutschen Strafrechts, 18. Aufl. Leipzig 1898.
21. Beseler, System des gemeinen deutschen Privatrechts Bd. 1, 4. Aufl. Berlin 1885.

22. Binding, Handbuch des Strafrechts Bd. 1; Leipzig 1885.
23. Binding, Grundriß zur Vorlesung über gemeines deutsches Strafrecht Bd. 1, 3. Aufl. Leipzig 1884.
24. Brinz, Lehrbuch des Pandektenrechts Bd. 2, 2. Aufl. Erlangen 1882.
25. Brunner, Deutsche Rechtsgeschichte; Leipzig 1887 bis 1892.
26. Bruns, Das heutige römische Recht (in v. Holtzendorff's Encyklopädie), 5. Aufl. 1890.
27. Cosack, Lehrbuch des deutschen bürgerlichen Rechts Bd. 1, 2. Aufl.; Jena, 1899.
28. Dernburg, Lehrbuch des preußischen Privatrechts Bd. 2; 4. Aufl. Halle 1889.
29. Dernburg, Pandekten Bd. 1, 2; 6. Aufl. Berlin 1900.
30. Dernburg, Das bürgerliche Recht des Deutschen Reichs und Preußens Bd. 2; 1. und 2. Aufl., Halle 1899—1901.
31. Endemann, Lehrbuch des bürgerlichen Rechts Bd. 1; 5. Aufl., Berlin 1899.
32. Förster-Eccius, Preußisches Privatrecht Bd. 1, 2; 5. Aufl. Berlin 1887.
33. Gerber, System des deutschen Privatrechts, 17. Aufl., Jena 1895.
34. Geyer, Grundriß zu Vorlesungen über gemeines deutsches Strafrecht Bd. 1; München 1884.
35. Geyer, Lehrbuch des gemeinen deutschen Strafprozeßrechts, Leipzig 1880.
36. Gierke, Deutsches Privatrecht Bd. 1; Leipzig 1895.
37. Hälschner, Das gemeine deutsche Strafrecht Bd. 1; Bonn 1881.
38. v. Holtzendorff, Handbuch des deutschen Strafrechts in Einzelbeiträgen, 4 Bände; Berlin 1871—1877.
39. Kohler, Deutsches Patentrecht; Mannheim 1878.
40. Kohler, Handbuch des Deutschen Patentrechts; Mannheim 1900.
41. v. Lilienthal, Das Strafprozeßrecht (in Birkmeyers Encyklopädie der Rechtswissenschaft); Berlin 1901.
42. v. Liszt, Lehrbuch des Deutschen Strafrechts, 10. Aufl., Berlin 1900.
43. Merkel, Lehrbuch des deutschen Strafrechts; Stuttgart 1889.
44. Georg Meyer, Lehrbuch des deutschen Staatsrechts, 5. Aufl., Leipzig 1899.
45. Hugo Meyer, Lehrbuch des deutschen Strafrechts, 5 Aufl., Leipzig 1895.
46. Th. Mommsen, Römisches Strafrecht; Leipzig 1899.
47. Puchta, Kursus der Institutionen Bd. 3, 5. Aufl. Leipzig 1866.
48. v. Savigny, System des heutigen römischen Rechts Bd. 5; Berlin 1841.
49. v. Savigny, Das Obligationenrecht Bd. 2; Berlin 1853.
50. Sohm, Institutionen des römischen Rechts, 8.—9. Aufl., Leipzig 1899.
51. Stobbe-Lehmann, Handbuch des deutschen Privatrechts, Bd. 3, 3. Aufl., Berlin 1898.
52. v. Wächter, Pandekten, Bd. 1; Leipzig 1880.
53. v. Wächter, Deutsches Strafrecht; Leipzig 1881.
54. Wendt, Lehrbuch der Pandekten; Jena 1888.
55. Windscheid-Kipp, Lehrbuch des Pandektenrechts, Bd. 1, 2; 8. Aufl., Frankfurt a./M. 1900.

Kommentare.

56. Frank, Das Strafgesetzbuch für das Deutsche Reich, 2. Aufl., Leipzig 1901.
57. v. Kirchstetter, Kommentar zum österreichischen allgemeinen bürgerlichen Gesetzbuche, 3. Aufl., Leipzig und Wien 1876.
58. Petersen-Kleinfeller, Kommentar zur Konkursordnung, 4. Aufl., Lahr 1900.

59. Löwe, Die Strafprozeßordnung für das Deutsche Reich, 10. Aufl., Berlin 1900.
60. Olshausen, Kommentar zum Strafgesetzbuch für das Deutsche Reich, 2 Bde. 6. Aufl., Berlin 1900—1901.
61. Oppenhoff, Das Strafgesetzbuch für das Deutsche Reich, 13. Aufl., Berlin 1896.
62. Rehbein-Reincke, Allgemeines Landrecht für die preußischen Staaten, Bd. 1, 4. Aufl., Berlin 1889.
63. Rubo, Kommentar über das Strafgesetzbuch für das Deutsche Reich; Berlin 1879.
64. Rüdorff-Stenglein, Strafgesetzbuch für das Deutsche Reich, 4. Aufl., Berlin 1892.
65. v. Schwarze, Kommentar zum Strafgesetzbuch für das Deutsche Reich, 5. Aufl., Leipzig 1884.
66. Sirey, Les codes annotés: Code civil, 4e édition, Paris 1901.
67. Stenglein, Die strafrechtlichen Nebengesetze des Deutschen Reichs, 2 Aufl. Berlin 1895.

Allgemeine Abhandlungen.

68. Bierling, Zur Kritik der juristischen Grundbegriffe; Gotha 1877.
69. Binding, Die Normen und ihre Übertretung, Bd. 1, 2. Aufl., Leipzig 1890.
70. Binding, Die gemeinen deutschen Strafgesetzbücher, Bd. 1, 2. Aufl., Leipzig 1877.
71. v. Buri, Beiträge zur Theorie des Strafrechts; Leipzig 1894.
72. van Calker, Die Delikte gegen das Urheberrecht; Halle 1894.
73. Dambach, Die Gesetzgebung des Norddeutschen Bundes betreffend das Urheberrecht; Berlin 1871.
74. Gareis, Das deutsche Patentgesetz; Berlin 1877.
75. Gierke, Der Entwurf eines Bürgerlichen Gesetzbuchs für das Deutsche Reich; in Schmollers Jahrbuch, Bd. 17; Leipzig 1889.
76. Klostermann, Das Urheberrecht; Berlin 1876.
77. Liepmann, Einleitung in das Strafrecht; Berlin 1900.
78. v. Liszt, Die Deliktsobligationen im System des Bürgerlichen Gesetzbuches; Berlin 1898.
79. Löffler, Die Schuldformen des Strafrechts, Bd. 1; Leipzig 1895.
80. Mandry, Der zivilrechtliche Inhalt der Reichsgesetze, 4. Aufl., Freiburg 1898.
81. Merkel, Kriminalistische Abhandlungen; Leipzig 1867.
82. Merkel, Gesammelte Abhandlungen, 2 Bde.; Straßburg 1899.
83. Fr. Mommsen, zur Lehre vom Interesse; Braunschweig 1855.
84. Thon, Rechtsnorm und subjektives Recht; Weimar 1878.
85. O. Wächter, Das Autorrecht; Stuttgart 1875.

Monographien, Aufsätze, Vorträge.

86. Abegg, Von der Geltendmachung der durch eine strafbare Handlung begründeten privatrechtlichen Ansprüche des Verletzten; Goltdammers Archiv, Bd. 3.
87. Baur, Das Verlangen der Buße des Reichsstrafgesetzbuches in seiner Gestaltung nach württembergischem Prozess: Württembergisches Gerichtsblatt, Bd. 6.
88. Binding, Das Problem der Strafe in der heutigen Wissenschaft, Wien 1877.

89. v. Buri, Literarische Anzeigen; Gerichtssaal Bd. 28.
90. Cleß, Über das Wesen der Strafe 1888.
91. Degenkolb, Der spezifische Inhalt des Schadensersatzes; Archiv für die zivilistische Praxis, Bd. 76.
92. Dochow, „Buße" in v. Holtzendorffs Rechtslexikon, Bd. 1; 3. Aufl., Leipzig 1880.
93. Dochow, Über den juristischen Charakter der im Reichsstrafrecht vorkommenden Buße; Halle 1875.
94. Dochow, die Buße im Strafrecht und Strafprozeß; Jena 1875.
95. Fast, Der Adhäsionsprozeß im römischen Recht; Inauguraldissertation; Berlin 1877.
96. Flesch, Die rechtliche Natur der Buße des Reichsstrafgesetzbuches; Gerichtssaal Bd. 28.
97. Fuchs, Anklage und Antragsdelikte; Breslau 1873.
98. Heckscher, Die Privatdelikte im römischen Recht; Inauguraldissertation; Halle 1875.
99. Hellmann, Schmerzensgeld und Buße; Archiv für die zivilistische Praxis Bd. 78.
100. Herzog, Zwanzig Sätze zur Lehre von der Buße; Gerichtssaal Bd. 27.
101. Herzog, Zur Lehre von der Buße bei Beleidigungen und Körperverletzungen; Gerichtssaal Bd. 29.
102. Hilse, Einfluß der Kranken- und der Unfallversicherung u. s. w. Goltdammers Archiv Bd. 36.
103. v. Ihering, Das Schuldmoment im römischen Privatrecht. Eine Festschrift; Gießen 1867.
Desgleichen in „Vermischte Schriften", Leipzig 1879.
104. v. Ihering, Ein Rechtsgutachten betreffend die Gäubahn in den Jahrbüchern für Dogmatik, Bd. 18.
105. v. Ihering, Rechtsschutz gegen injuriöse Rechtsverletzungen; Jena 1885.
106. John, (Kritik Dochows) in der Jenaer Literaturzeitung, Bd. 2.
107. Klebs, Zur Lehre von der Realinjurie, der Mißhandlung und Körperverletzung; Goltdammers Archiv Bd. 19.
108. Kohler, Das Wesen der Strafe; Würzburg 1888.
109. Kronecker, Beiträge zur Lehre von der Geldstrafe; Goltdammers Archiv Bd. 27, 28.
110. Lehmann, Der Notstand des Schädenprozesses; Leipzig 1865.
111. Lehmann, Die Schutzlosigkeit der immateriellen Lebensgüter beim Schadensersatz; Dresden 1884.
112. v. Liszt, Die Grenzgebiete zwischen Privatrecht und Strafrecht; Berlin und Leipzig 1889.
113. Loening, Über die Begründung des Strafrechts; Jena 1889.
114. Mager, (Gemeines deutsches Strafrecht) in Goltdammers Archiv Bd. 20.
115. v. Malschitzki, Entscheidungen großh. mecklenburgischer Obergerichte; Gerichtssaal Bd. 26.
116. Mataja, Das Recht des Schadensersatzes vom Standpunkt der Nationalökonomie; Leipzig 1888.
117. Menger, Das bürgerliche Recht und die besitzlosen Volksklassen; Archiv für soziale Gesetzgebung und Statistik, Bd. 2.

118. Merkel, Über den Zusammenhang zwischen der Entwicklung des Strafrechts und der Gesamtentwicklung der öffentlichen Zustände und des geistigen Lebens der Völker; Straßburg 1889.
119. Merklinghaus, Die Buße im deutschen Reichsstrafrecht; Inauguraldissertation-Göttingen; Köln 1891.
120. Ortloff, Der Adhäsionsprozeß; Leipzig 1864.
121. Ortloff, Der Adhäsionsprozeß in der künftigen deutschen Strafprozeßordnung; Goltdammers Archiv Bd. 22.
122. Osthelder, Schadensersatzpflicht wegen unerlaubter Handlungen. Moralischer Schaden u. s. w. Zeitschrift für französisches Zivilrecht Bd. 19.
123. Petsch, Die Buße des Reichsstrafgesetzbuches in ihrem Verhältnis zum Schadensersatzanspruch des gemeinen Zivilrechts: Inauguraldissertation Erlangen; Berlin 1898.
124. Pfaff-Randa-Strohal, Drei Gutachten über die beantragte Revision des 30. Hauptstücks im zweiten Teile des allgemeinen Bürgerlichen Gesetzbuches; Wien 1880.
125. Pfaff, Zur Lehre vom Schadensersatz und Genugtuung nach österreichischem Recht; Wien 1881.
126. Reber, Die Antragsdelikte des deutschen Strafrechts; München 1873.
127. Reiffel, Ersatz des moralischen Schadens; Zeitschrift für französisches Zivilrecht, Bd. 20.
128. Reinhardt, Geldstrafe und Buße; Inauguraldissertation; Halle 1890.
129. Rosenfeld, Die Nebenklage des Reichsstrafprozesses; Berlin 1900.
130. Rücker, Die Buße des deutschen Reichsstrafrechts; Inaugural-Dissersation. Freiburg 1901.
131. Schlayer, Die Buße im deutschen Strafrecht; Goltdammers Archiv Bd. 24.
132. v. Schwarze, Studien zu dem norddeutschen Strafgesetzbuch; Sächsische Gerichtszeitung Bd. 14.
133. v. Schwarze, Studien zum Reichsstrafgesetzbuch; Gerichtssaal Bd. 24.
134. v. Schwarze, Literarische Anzeigen, Gerichtssaal Bd. 26.
135. Sontag, Zur Literatur des neuen deutschen Strafrechts. Kritische Vierteljahrsschrift Bd. 17.
136. Stenglein, Über das Venlangen einer Buße nach deutschem Reichsstrafrecht; Gerichtssaal Bd. 24.
137. Stenglein, Die Nebenklage; Gerichtssaal Bd. 35.
138. Stooß, Zur Natur der Vermögensstrafen; Inauguraldissertation, Bonn 1878.
139. Strauss, Die Buße des Deutschen Strafrechts und der Ersatz des nichtvermögensrechtlichen Schadens im Bürgerlichen Gesetzbuch; Inaugural-Dissertation Freiburg. Ulm 1901.
140. Unger, Beiträge zur Lehre vom Schadensersatz nach österreichischem Recht; Grünhuts Zeitschrift Bd. 8.
141. v. Wächter, Die neuesten Fortschritte der Zivilgesetzgebung in Württemberg; Archiv für die zivilistische Praxis Bd. 23.
142. v. Wächter, Die Buße bei Beleidigungen und Körperverletzungen; Leipzig 1874.
143. Wahlberg, Kritik des Entwurfs einer Strafprozeßordnung für das Deutsche Reich; Wien 1873.
144. v. Weinrich, Die Haftpflicht wegen Körperverletzung und Tötung eines Menschen; Straßburg 1883.

Druck von Georg Reimer in Berlin.

Kolibri 360 GmbH
Ferdinand-Jühlke-Straße 7
99095 Erfurt, Deutschland
produktsicherheit@kolibri360.de